用好

发挥人才优势的 **7** 个关键

人才

任康磊——著

U0738974

人民邮电出版社

北京

图书在版编目（CIP）数据

用好人才：发挥人才优势的7个关键 / 任康磊著
. -- 北京：人民邮电出版社，2023.5
ISBN 978-7-115-60608-2

Ⅰ．①用… Ⅱ．①任… Ⅲ．①企业管理－人才培养
Ⅳ．①F272.92

中国国家版本馆CIP数据核字(2023)第031355号

内 容 提 要

本书内容涵盖小团队管理者识人、用人的各模块，以实际场景和应对策略为背景，介绍了小团队管理者在识人、用人过程中经常遇到的问题、用到的方法工具和能有效解决问题的应用解析。本书分为7章，主要内容包括客观认识人才的方法、慧眼选拔人才的方法、科学测评人才的方法、沟通关爱人才的方法、合理安排工作和对员工实施授权的方法、精准培养和辅导人才的方法、正确评价人才的方法。

本书采取图解的形式，通俗易懂、贴近实战且工具和方法丰富，适合企业各级管理者、各类团队管理者使用，也适合创业者、中小企业主、管理咨询师、人力资源管理各级从业人员、培训师或培训工作从业者、管理类相关专业在校生以及所有对人才培养方法感兴趣的人员。

◆ 著　　　　　任康磊
责任编辑　刘　姿
责任印制　周昇亮

◆ 人民邮电出版社出版发行　　北京市丰台区成寿寺路 11 号
邮编 100164　 电子邮件 315@ptpress.com.cn
网址 https://www.ptpress.com.cn
大厂回族自治县聚鑫印刷有限责任公司印刷

◆ 开本：880×1230　1/32
印张：8.25　　　　　　　　2023 年 5 月第 1 版
字数：161 千字　　　　　　2023 年 5 月河北第 1 次印刷

定价：59.80 元

读者服务热线：(010)81055296　印装质量热线：(010)81055316
反盗版热线：(010)81055315
广告经营许可证：京东市监广登字 20170147 号

笔者曾在一次外出培训中遇到一对夫妻。他们是开连锁美容店的，现在已经有几十家分店。老板娘 45 岁左右，短发配淡妆，很精明干练的样子。

她说两口子本来做这个生意只想养家糊口，没想到后来生意越做越大，分店越开越多。他们觉得公司已经积累了足够的资金和技术，具备拓展市场的实力。可同时他们也感到公司当前发展的瓶颈是他们自己精力有限，却找不到优秀的人才来帮他们管理这些分店。她说薪水不是问题，只要人好，钱可以谈。

笔者问这位老板娘："请问您需要的优秀人才，具体是什么样的人？"

她想了想，说："要有能力、有水平的！"

笔者接着问："请问具体是什么样的能力？多高的水平？"

她有些慌乱："到时候得具体看见人后再定。"

笔者又问："如果张三做过跨国连锁集团的 CEO（首席执行官），不会中文，有 30 年工作经验，上一任服务的公司年销售规模有几千亿元，有几万家连锁店，张三的年薪要价是税后一千万元人民币。这样的人才能力和水平够吗？"

她说："啥？年薪一千万元？我们公司一年净利润才几百万！这种人才太贵了，我们肯定用不起啊！"

　　笔者接着问："如果李四以前是自营社区小商店的，高中毕业，开了 3 年的店后来倒闭了，想找个地方上班交保险，要求月薪 4 000 元。这样的人才怎么样？"

　　她说："自己家的店都能开黄了，谁敢用这样的人管店？工资要的不高，可见这人对自己定位也不高。这种人，我们也不想用！"

　　笔者接着问："还是那个问题，请问您需要的优秀人才，具体是什么样的人？"

　　她很聪明，想了一会儿，说道："我想，应该是有在规模比我们大 3 倍以内的连锁店工作经历并有 5 年以上的成功运营经验，如果是与美容行业相关的连锁店更好。年薪控制在 30 万～ 50 万元吧。"

　　笔者说："也许现在您的优秀人才会比之前好找一些了。"

　　她笑了笑，说："谢谢！我现在对要招的人才清晰多了！"

　　什么是人才？

　　不同的层面、不同的角度、不同的考虑、不同的人，对人才有不同的定义。这些定义或大或小，或宏观或微观。对于某个团队而言，人才的定义可以很简单，就是团队需要的，能够为团队的未来发展创造价值的人。

　　人才不是越高端越好。迈克尔·舒马赫（Michael Schumacher）开着他的法拉利（Ferrari）赛车赢得过数个 F1 方程式赛车（世界一级方程式锦标赛）总冠军。可如果请他去参加骑马比赛，他很可能比不过每天在草原上骑马的牧民。

　　人才也不是越廉价越好，值得百万年薪的人才很可能是因为其有能力创造千万的价值。苹果公司创始人乔布斯（Steve Jobs）曾说："一个出色的人才至少能顶 50 个平庸的员工。"他把大约 1/4 的时间用在招募优秀人才上，因为那些优秀的人才往往具备更高的附加值。

识人和用人是团队管理者的必备技能。

很多原本态度很好、技能高超、业绩突出的员工成为管理者后，发现自己面临的问题与以往全然不同。不是管理者的时候，可以单打独斗，只需要做好自己的工作就行了；成为管理者后，需要带领团队达成目标，工作的重点变得不是自己做得有多好，而是团队要做得好。

与员工相比，团队管理者的工作重心发生了变化。员工多数时候思考的问题是如何把自己的工作做好，而团队管理者多数时候思考的问题是如何找到对的人才，用好对的人才，带领整个团队把工作做好。

很多没做过管理者的员工会认为被提拔为管理者的应当是团队中技能最强的人。如果某个技能不强的人被提拔为管理者，很多员工会认为这种晋升不公平，认为决策者不懂技能评价。

实际上，假如这个技能不强的人管理能力很强，懂得如何识人、如何用人，就算自己不会做，也懂得如何组织别人把事情做好，而那个技能最强的人不懂识人用人，只会自己做，那么让这个技能不强的人成为管理者反而可能是个正确的决策。

评判一个团队管理者是否合格的关键，就在于这个团队管理者是否懂得识人用人。

团队管理者要想有效地识人用人，一定要搞清楚 3 个问题。

（1）团队期望获得什么？人才能提供吗？

（2）人才期望获得什么？团队给得了吗？

（3）人才做得成果如何？达到预期了吗？

但实务中，很多不懂如何正确识人用人的团队管理者经常犯的错误，是在识人前不知道自己的团队需要什么，在识人时不知道如何发现人才，在用人时不知道如何辅导、激励和评价人才。

很多团队管理者是靠感觉识人和用人。谁都想要优秀人才，但对具体的岗位来说，什么是优秀人才？用人所长满足了岗位的要求，创造了岗位需要的价值，这个人就是优秀人才。

反过来，岗位需要的恰好是人才不擅长的，结果人才没有创造岗位需要的价值，这个人就算在别处再优秀，在此时也是不优秀的。所以，是不是优秀人才其实是相对的。

针对很多小团队管理者不懂如何识人和用人，笔者总结了自己曾经辅导某公司团队管理者识人用人的全过程，形成本书。根据团队管理者在识人用人过程中经常出现的实际问题及其解决方案，笔者总结了实战中上手简单、实用方便又能落地的各类方法和工具。

为便于读者快速阅读、理解、记忆并应用，本书对问题场景、方法工具及与工作相关的应用解析全部采用图解的形式呈现。

祝读者朋友们能够学以致用，更好地学习和工作。

本书若有不足之处，欢迎读者朋友们批评指正。

● 本书特色

1. 通俗易懂，上手迅速

本书采取图解的形式，通过对工具和方法的解构，保证读者能够看得懂、学得会、用得上，让读者以最快的速度掌握小团队识人和用人的关键要务。

2. 内容丰富，实操性强

本书包含小团队管理者识人用人中能够用到的各类工具和方法，将这些工具和方法图形化、可视化、流程化、步骤化，且注明实战中的注意事项，让读者一目了然。

3. 立足实践，解析详尽

本书以小团队管理者识人和用人实战中的各类实际场景为背景，通过实际问题引出实战工具，通过对实战工具的充分解析，让读者不仅知其然，更知其所以然。

● 本书读者对象

企业各级管理者；

各类团队管理者；

创业者；

中小企业主；

管理咨询师；

人力资源管理各级从业人员；

培训师／培训工作从业者；

管理类相关专业在校生；

所有对识人和用人方法感兴趣的人员。

本书背景

1 我觉得带团队好难啊，每天被选人和用人的问题搞得心力交瘁。

三角形公司总经理
王小美

2 能不能具体说说是什么情况呢？

本书作者
任康磊

3 一方面，我们招聘的人才总是不能满足团队的需求；另一方面，现有的人才也没有得到恰当的任用。

4 人才识别选拔和人才任用开发是团队管理者必备的技能。团队管理者只要掌握了这方面的技能，团队里的这类问题就迎刃而解了。

5 如何掌握这两项技能呢？

6 接下来我们就一起探讨一下可以从哪些维度来提升团队管理者识人用人的技能吧。

背景介绍

三角形公司总经理王小美创业 5 年了，公司内部实行扁平化管理，被划分成多个小团队。当前公司比较突出的问题是团队管理者不知道如何有效地识人用人。识人用人是团队管理者必备的技能之一，学会识人用人的技能，能够高效地提高团队绩效，达成团队目标。

目录

01 客观认识人才　　001

02
慧眼选拔人才　　　　　033

05 合理安排授权   157

01

客观认识人才

◇ 本章背景

1 我最想知道的是，如何招聘到团队需要的完美人才？这样能省去我们后续的很多工作。

2 请问，什么叫完美人才？指的是没有任何缺点的吗？

3 是啊，就是那种勤勤恳恳、任劳任怨，工作能力特别强，来了就能把工作做得非常出色的人才啊。

4 这样的人才是凤毛麟角，可遇而不可求。绝大多数人才总是在这里或那里存在一些不完美。

5 这正是让我头疼的地方，身为团队管理者，每天总是要弥补和应付员工的这些不足。

6 与其追求人才的完美，不如追求人才和岗位的匹配。这样就算人才不完美，只要能满足岗位要求，能实现团队绩效，也是可以接受的。

背景介绍

　　金无足赤，人无完人。这世界上不存在完美的人才，每个人才都会有不完美之处。团队管理者不必追求人才的完美，只需要追求人才能够满足岗位要求即可。当团队管理者能够在对的时间，把对的人才放在对的岗位上，自然可以减少管理的难度。

1.1　识别人才

　　究竟什么是人才？很多团队管理者对此是不清楚的。人才不一定是能力特别强的人，团队和岗位需要的，才是人才；人才不一定是特别优秀的人，工作态度好、有成长性的，同样是人才；人才不一定是没有缺点的人，能展现优点、扬长避短的，也可以是人才。

1.1.1 用维度观正确看待人才

问题场景

① 我总觉得自己的员工不好。想换人，又怕换来的也不好。

② 你认为"好"员工要达到什么样的标准呢？

③ 至少要有能力、有水平吧！

④ 具体是什么样的能力，有多高的水平呢？

⑤ 我还真没仔细想过……也许当我遇到"好员工"之后，自然就知道了吧！

⑥ 看待员工，你应该多用"维度观"，而不是"是非观"。

问题拆解

正确看待人才，应当用"维度观"而非"是非观"。"是非观"是指对待某个员工，要么觉得好，要么觉得不好，可究竟哪里好、哪里不好，说不清楚。而"维度观"是全方位、多角度、辩证地看待人才。

方法工具

工具介绍

看待人才的维度观

团队管理者看待员工时，不应简单地判断员工好或不好，行或不行，而是应设定出需要员工具备的某几个维度的特质，根据员工在这几个维度特质上的情况做判断。

常见的看待员工的维度观有两种，一是按照对员工的工作评价来划分维度；二是按照岗位胜任力、人才画像或角色模型来划分维度（后文将详细介绍）。

按照工作评价划分维度

完成工作的行为倾向，代表人才"愿不愿"把工作做好，包括人才的积极性、主观能动性、工作意愿、工作热情、责任心、配合度、价值观、努力程度、认真程度等。

态度

绩效

能力

完成工作具备的特质，代表人才"会不会"或多大可能性把工作做好，包括人才的个人素质、知识水平、技能水平、工作的经验或熟练程度。

工作输出的成果，代表人才的实际工作结果，包括工作成果、工作目标完成情况、工作要求完成情况，最终指向实际上有没有把工作做好。

应用解析

按照工作评价划分维度的应用

	态度	能力	绩效
	☺	☺	☹
	☺	☹	☹
	☺	☺	☺

☺ 表示优秀　　☺ 表示良好　　☹ 表示较差

小贴士

　　表面看起来再优秀的员工也有不足之处，表面看起来再差的员工也有可取之处。对员工不能全盘肯定，也不要全盘否定。团队管理者通过划分维度对员工做评价，能够准确知道员工究竟哪里好、哪里不好。针对员工"好"的部分，团队管理者可以用人所长，扬长避短；针对员工"不好"的部分，团队管理者可以重点培养，有针对性地予以强化训练。

1.1.2 用象限图客观盘点人才

🔒 问题场景

1 掌握了用维度观看人，我该如何系统地区分人才呢？

2 对内部人才来说，可以通过人才盘点对人才做分类。对外部人才来说，可以根据人才招聘的维度划分来识别和区分。

3 人才盘点？听到这个词我第一时间想到的是盘点库存，人才盘点就是盘点人才的数量吗？

4 人才盘点可以盘点数量，但从识别人才的角度来说，盘点人才的质量更有效。

5 如何盘点人才的质量呢？

6 可以用前面讲过的态度、能力和绩效3个维度，选择其中一个或多个维度来予以归类。

问题拆解

　　人才盘点分成人才数量盘点和人才质量盘点。顾名思义，人才数量盘点主要是盘点人才的数量，人才质量盘点则是盘点人才的质量。通过人才盘点，管理者可以对人才进行区别，进而对不同的人才采取不同的应对措施。

🔑 方法工具

工具介绍

人才质量盘点

人才质量盘点是团队管理者对团队内部的人才质量情况进行的盘点。通过对人才质量盘点呈现出来的有价值信息的分析，管理者可以制订出具体、详细的组织层面的应对策略和行动计划，保障组织能够得到需要的人才，落实团队的整体业务战略，实现可持续的增长。

人才质量盘点最常用的方法，是双维度人才质量盘点，即从态度、能力和绩效中选择两个维度，用坐标轴法划分类别。根据不同类别的特点，采取不同的应对措施。

态度 – 能力 4 宫格人才质量盘点工具

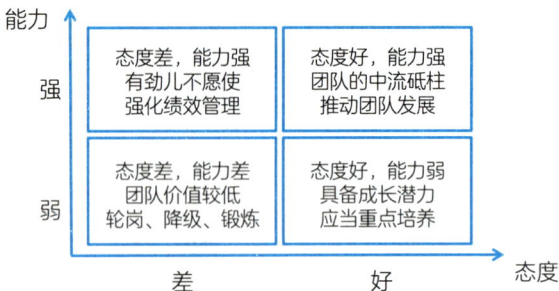

能力		
强	态度差，能力强 有劲儿不愿使 强化绩效管理	态度好，能力强 团队的中流砥柱 推动团队发展
弱	态度差，能力差 团队价值较低 轮岗、降级、锻炼	态度好，能力弱 具备成长潜力 应当重点培养
	差	好　　态度

绩效 – 能力 9 宫格人才质量盘点工具

能力			
强	能力强，绩效弱 异常情况	能力强，绩效中 较异常状况	绩效高，能力强 给予奖励
中	能力中，绩效低 较异常状况	绩效中，能力中 起到承上启下作用	绩效高，能力中 较异常状况
弱	能力弱，绩效低 要评估工作态度	能力低，绩效中 较异常状况	绩效高，能力弱 异常情况
	低	中	高　　绩效

应用解析

案例：阿里巴巴的人才盘点

阿里巴巴根据员工的价值观和业绩的不同，把员工分成5种类别，并以动物名称描述，分别是明星、牛、狗、野狗、兔子。

在这5类人才中，明星的比例在20%~30%；牛、兔子和野狗的比例在60%~70%，狗的比例在10%。阿里巴巴鼓励团队管理者给自己团队的员工打分，并且根据这个比例原则对员工进行强制排序。

业绩
performance

野狗 wild dog 指业绩非常优秀，但价值观和阿里巴巴不符的人才		明星 star 指价值观和阿里巴巴非常相符，业绩也非常优秀的人才
	牛 bull 指价值观和公司基本相符，业绩中等的人才	
狗 dog 指业绩和价值观都不达标的人		兔子 rabbit 指价值观虽然与阿里巴巴相符，但没有业绩的老好人

价值观
value

小贴士

针对人才盘点的结果，阿里巴巴采取的策略是消灭"狗"和"野狗"，请走"老白兔"（指长期人才盘点结果被评为"兔子"的人）。"狗"因为业绩和价值观都不达标，所以要坚决予以清除；"野狗"虽然业绩达标，但是价值观不符，可能会呈现强大的反作用力。

1.1.3 用洞察力发现人才优势

🔒 **问题场景**

1 团队里没有一个下属能让我省心的，每个人都有一大堆问题！

2 你为什么不多发现员工的优点，根据员工的优点来用人呢？

3 发现下属的优点？这好难啊！缺点我倒是随随便便就能想到一大堆……

4 你可以试试强制让自己发现每个下属的5个优点，然后记录下来。

5 5个优点，这也太多了吧？

6 如果从来没这么做过，可能有点多，但如果坚持发现员工的优点，养成习惯，5个优点可能不一定够呢。

问题拆解

千里马常有而伯乐不常有，懂得发现人才的优点，天下处处是人才；总是盯着人才的缺点，则天下没有可用的人才。人们看世界的角度，决定了世界是什么样子，上级看下级的角度，也决定了下级是什么样子。

方法工具

工具介绍

发现员工的优点

每个人都有优点，也有缺点。用人，要用人所长，避其所短，通过团队配合，取长补短。

发扬员工的优点比改善员工的缺点更容易。发现员工的优点，用员工的优点安排工作，比发现员工的缺点、改变员工的缺点更高效。

发现员工优点的表格工具

序号	优点总结	具体行为表现	有可能对团队/工作带来的帮助
1			
2			
3			
4			
5			

发现员工优点的 3 个步骤

第1步
拿出一张纸和一支笔，总结某员工的N个优点，并且从1到N排出优先级顺序。这一步可以运用发散思维，尽可能多地列出该员工的优点。

第2步
针对不同的优点，分别思考总结出这些优点具体的行为表现。这一步要聚焦，是第1步总结优点的佐证，这一步如果发现第1步的某个优点没有具体行为佐证，应删掉。

第3步
针对员工不同的优点，总结可能会给团队或工作带来的帮助。思考员工的优点除了当前负责的工作内容外，还可以用在哪些领域，以及哪些员工间可以形成优势互补。

应用解析

发现员工优点的注意事项

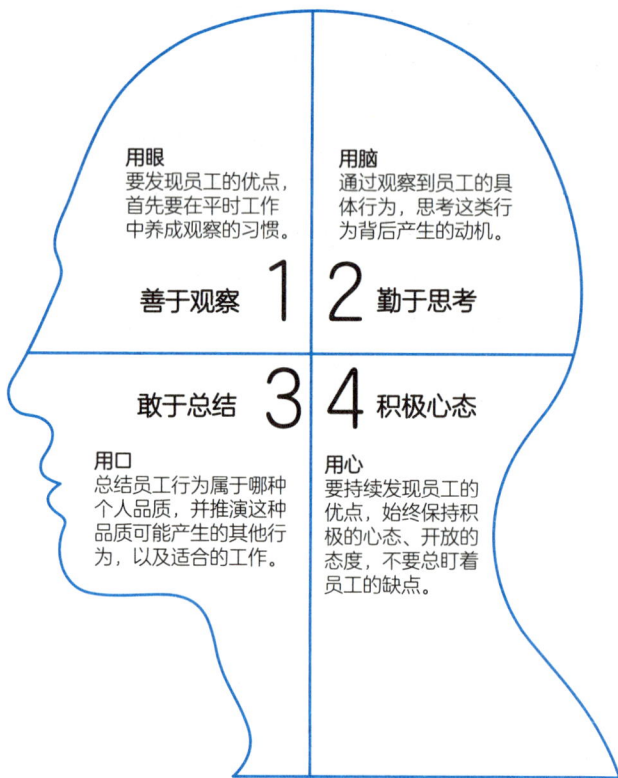

用眼
要发现员工的优点，首先要在平时工作中养成观察的习惯。

善于观察 1

用脑
通过观察到员工的具体行为，思考这类行为背后产生的动机。

2 **勤于思考**

敢于总结 3

4 **积极心态**

用口
总结员工行为属于哪种个人品质，并推演这种品质可能产生的其他行为，以及适合的工作。

用心
要持续发现员工的优点，始终保持积极的心态、开放的态度，不要总盯着员工的缺点。

小贴士

对于平时从来不主动发现员工优点的管理者来说，行动的第一步是切实拿出纸和笔来写下的优点。

在持续运用这种方法一段时间后，管理者可能会发现员工的优点越来越多，这时候，反而要聚焦。

一般来说，对每个员工优点的总结应当控制在 5 ～ 10 项。

1.2 认识岗位

　　岗位是团队中的最小组成单位。岗位承接了团队目标的分解，有目标、有职责，以结果为导向。岗位虽然会发生一定的动态变化，但又比较稳定。岗位属于组织，不属于组织中的某个人。团队管理者要正确识人用人，首先要正确认识岗位。

1.2.1 承接战略愿景的最小单位

🔒 问题场景

① 以前我们团队有个员工张三能力很强，张三离职后李四上岗，明显做得不如张三好，达不到岗位要求。

② 李四做得没有张三好是一回事，李四能不能达到岗位要求是另一回事。

③ 这两件事不是一回事吗?

④ 当然不是一回事，李四做得不如张三好，是和张三比；李四达不到岗位要求，是和岗位要求比。

⑤ 我还是不太明白，为什么我感觉都是一回事呢?

⑥ 岗位就像椅子，任职岗位的人就像坐在椅子上的人；岗位就像衣服挂钩，从事岗位的人就像挂在挂钩上的衣服。

问题拆解

当一个员工离职时，可以带走自己的管理风格、管理能力、知识技能或业绩表现，但带不走自己所在岗位的目标、任职要求和权责关系。也就是说，员工离开岗位，只是人离开了，但岗位依然存在，与岗位相关的一切也依然存在。岗位的要求，并不受从事过岗位的人的影响。

方法工具

工具介绍

岗位

　　岗位是为了承接与实现团队组织的愿景和战略目标而存在。

　　团队组织就像树状结构。在这个树状结构中，愿景就像树的根基，战略就像树的主干，组织就像树的枝干，各个岗位就像树的果实。一个健康平稳发展的团队应当像树一样茁壮成长，枝繁叶茂。

　　实际上，不仅团队有愿景，团队中每个业务单元也有愿景。每个业务单元的岗位就像一棵独立的树。多个树状结构的岗位有逻辑地结合在一起，就像一座森林。团队规模越大、业务种类越多、岗位越多，就像树木越多，并且树木的枝干与果实越繁茂。

树状结构的团队组织

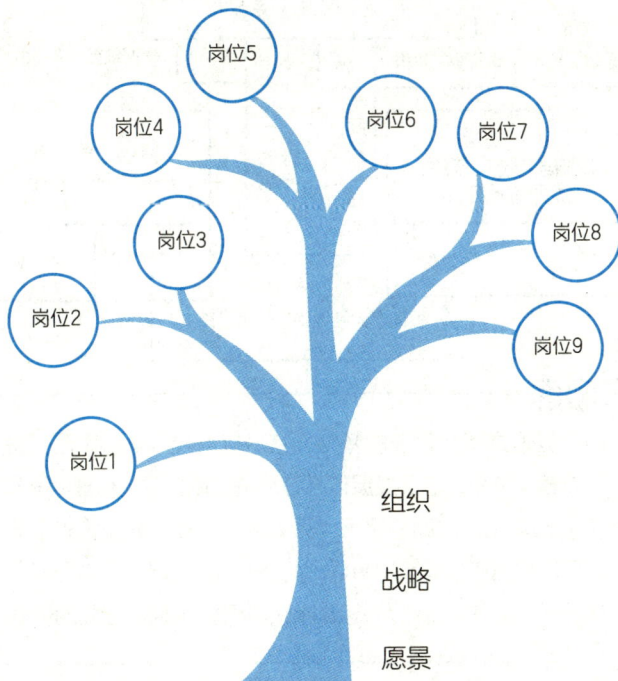

岗位5
岗位4　岗位6　岗位7
岗位3　　　　岗位8
岗位2
　　　　　　岗位9
岗位1

组织

战略

愿景

应用解析

岗位管理与吸引激励保留优秀人才的关系

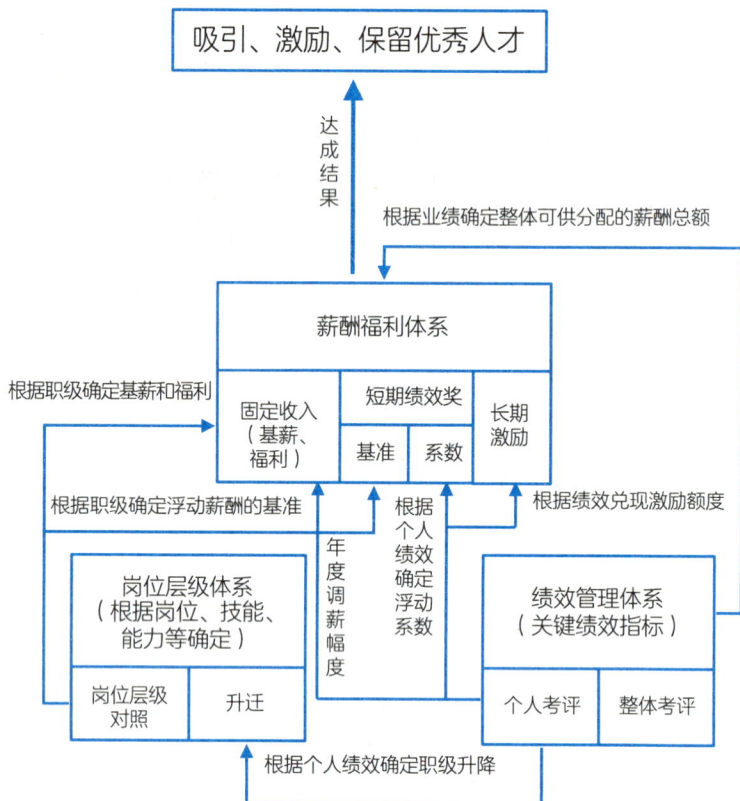

吸引、激励、保留优秀人才

达成结果

根据业绩确定整体可供分配的薪酬总额

薪酬福利体系

根据职级确定基薪和福利

| 固定收入（基薪、福利） | 短期绩效奖 | | 长期激励 |
| | 基准 | 系数 | |

根据职级确定浮动薪酬的基准

年度调薪幅度

根据个人绩效确定浮动系数

根据绩效兑现激励额度

岗位层级体系
（根据岗位、技能、能力等确定）

| 岗位层级对照 | 升迁 |

绩效管理体系
（关键绩效指标）

| 个人考评 | 整体考评 |

根据个人绩效确定职级升降

小贴士

　　岗位管理是团队管理的基础，它直接与团队中的薪酬管理体系、绩效管理体系、职业发展体系等形成关联作用，保证团队能够持续不断地吸引、激励、保留优秀人才。例如，有了岗位管理体系，就可以根据岗位职等职级确定薪酬和福利标准，可以设计绩效管理体系标准，并可以作为员工升职、降职、调薪、激励的依据。

1.2.2 明确需求以创造最大价值

问题场景

1. 仔细想想，我发现自己对团队里的很多岗位并不了解。

2. 团队管理者如果对岗位没有足够了解的话，可能没有办法明确岗位的要求，不利于岗位用人。

3. 我该怎么了解岗位，明确岗位要求呢？难道我要每个岗位都尝试做一下吗？

4. 不一定需要自己亲自做每个岗位的。你可以试着做一下岗位分析，通过岗位分析，更好地认识岗位。

5. 怎么实施岗位分析呢？

6. 常见方法有4种，分别是观察分析法、岗位访谈法、工作实践法和问卷调查法。

问题拆解

　　如果团队管理者对岗位不够了解，将影响对岗位要求的判断，做不到根据岗位要求精准用人。要了解某个岗位，团队管理者不一定需要亲自从事该岗位的工作。掌握岗位分析的方法，做好对不熟悉岗位的分析，团队管理者同样可以掌握岗位的要求，进而根据岗位要求安排合适的人选。

方法工具

工具介绍

岗位分析

岗位分析是全面客观了解岗位的前提。团队管理者只有全面掌握岗位信息，才能做好岗位管理。实施岗位分析，常见的方法有 4 种，分别是观察分析法、岗位访谈法、工作实践法和问卷调查法。为了让岗位分析获得的信息更全面，通常可以选择这 4 种方法中的两种同时实施，作为信息验证。

岗位分析的 4 种方法

观察分析法比较适合用在岗位工作内容标准化程度比较高、变化性和创新性比较小的岗位，不适宜用于创新性比较大、可变性比较大、循环周期长和主要以脑力劳动为主的岗位。另外，对于观察者看不懂的岗位，也不适合用观察分析法。

岗位访谈法比较适合用在岗位工作内容标准化程度比较低、变化性和创新性比较大的岗位，例如销售类的岗位。对专业门槛较高的技术岗位，或很难通过外部直接观察到的岗位，又或者观察人不了解、看不懂的岗位，都适合采用岗位访谈法。

观察分析法

岗位访谈法

工作实践法

问卷调查法

有3种情况适合运用问卷调查法，一是拥有较好人力资源管理基础，已经具备岗位分析的基础数据信息；二是已经对岗位有了一定了解，需要补充收集信息，让信息更完善；三是需要分析的岗位种类和数量较多，没时间实施别的岗位分析方法。

工作实践法适用于短期内可以掌握的、技能门槛比较低、比较容易上手的工作，或者实施岗位分析的人原本就比较熟悉的岗位。对于那些技术难度比较高、需要接受大量训练才能掌握的岗位，或者危险系数比较高的岗位，不适合采取这种方法。

应用解析

岗位分析要明确的问题清单

类别	序号	问题
设置目的	1	岗位设置的目的和初衷是什么？岗位为什么要存在？
	2	岗位能给团队提供什么价值？
工作关系	3	岗位的上级是谁？上级岗位有什么职责？上级岗位还管哪些人？
	4	岗位需要和哪些平级部门/岗位/同事联络？
	5	岗位有哪些下级？有多少人？
内部联络	6	岗位与上级间的主要联络内容是什么？上级的要求是什么？在与上级的联络中，岗位的输入和输出主要是什么？
	7	岗位与平级间的主要联络内容是什么？与平级间联络的输入和输出主要是什么？
	8	岗位与下级间的主要联络内容是什么？与下级间联络的输入和输出主要是什么？
外部联络	9	岗位需要和哪些外部部门或机构打交道？
	10	岗位在与外部组织打交道时，主要的输入和输出是什么？
工作权限	11	岗位的权限有多大？能做什么？不能做什么？
工作职责	12	岗位主要的工作职责内容是什么？
具体任务	13	对应工作职责，岗位有哪些具体的工作任务？
绩效指标	14	岗位有哪些绩效考核指标？这些指标分别代表什么含义？
	15	除了达成绩效指标外，还有哪些评判岗位工作成果的方法？
复杂程度	16	岗位的工作有多复杂？有多难？
受到监督	17	谁来监督这个岗位的工作？
	18	谁来评判岗位工作的成果？
	19	谁来做这个岗位过程的管控？
任职要求	20	岗位需要从业人员具备什么样的教育背景？
	21	岗位需要具备什么样的从业经验？
	22	岗位需要具备什么样的知识结构？
	23	岗位需要具备什么样的工作能力？
	24	岗位需要具备什么样的个性特征？
工作环境	25	岗位工作的空气、温度、湿度状况如何？
	26	岗位有没有噪声、辐射、污染、异味？
	27	岗位工作环境对人体是否存在危害？
工作时间	28	岗位的正常上班时间是几点到几点？
	29	岗位是否需要经常加班？加班的时长如何？
工作地点	30	岗位大多数时间的工作地点在哪里？
	31	岗位是否需要出差？出差的频率如何？
工作设备	32	岗位需要用到哪些设备？

小贴士

　　上表清单中的维度是比较全的岗位分析内容，团队管理者可以根据实际需要找到自己需要的岗位分析维度。需要注意的是，要真正了解岗位，上表中的每个问题都要有真实的、确切的回答，不能模棱两可、得过且过。

1.2.3 测算编制来实现最低成本

问题场景

1 很多团队管理者向我反映缺人，可我觉得现在人员够了，没有必要再加人。

2 那你有没有说服他们呢？

3 并没有，为此我们团队内部还经常产生争执。

4 你可以提前设定一个岗位编制标准，这样就能避免为了岗位需不需要加人的问题产生无意义的争执。

5 我之前一直有这个疑问，每个岗位究竟该配置多少人呢？

6 常见岗位编制的方法有4种，分别是预算控制定编法、劳动效率定编法、业务流程定编法和行业对标定编法。

问题拆解

要明确岗位该配置多少人，可以给岗位设定编制标准。用标准来管理岗位编制人数，能有效避免团队管理者内部因为人数编制问题而产生争论。如果标准有问题，可以调整标准。对标准有异议，可以在制定标准的过程中充分研讨。

方法工具

工具介绍

岗位定编

　　确定岗位人员数量的方法被称为岗位定编。团队中的人数不是越多越好，也不是越少越好，适合的才是最好的。适合的人数，就是团队中该有的岗位定编人数。

　　合理的岗位定编有助于降低团队的人力成本，提高人力资源效能。常见岗位定编的计算方法包括预算控制定编法、劳动效率定编法、业务流程定编法和行业对标定编法。

岗位定编的 4 种方法

通过人力成本预算的金额或人力成本预算比率控制岗位定编的方法，这种方法一般不会对某一个部门或某一类岗位的具体人数做硬性规定。通用公式：定编人数=预算销售额×预算人力费用率÷平均每人的人力成本额。

根据生产任务和员工的劳动效率以及出勤等因素来计算岗位定编的方法，或根据工作量和劳动定额来计算员工定编的方法。通用公式：定编人数=计划期生产任务总量÷（员工劳动效率×出勤率）。

预算控制定编法

劳动效率定编法

行业对标定编法

业务流程定编法

参照行业标杆团队的情况来设计岗位编制。行业对标法也可以用某个特定行业、特定组织中某类岗位的人数和另一类岗位人数的比例来确定岗位编制。通用公式：某类岗位定编人数=另一类岗位人员总数×对标定员比例。

根据岗位工作量和员工的工作效率，计算岗位定编。员工的工作效率指单位时间产量和单位时间处理的业务量等。根据团队总业务量，确定不同流程工作量；根据业务流程衔接，确定各岗位人员编制。因业务流程各异，无通用公式。

应用解析

盈亏平衡点与预算控制

团队要想正常有序地经营，需要具备一定的盈利能力。一般来说，当销售收入或产品销量达到某个点时，团队将会赢利；当销售收入或产品销量低于某个点时，团队将会亏损。这里的某个点，叫盈亏平衡点。可以根据盈亏平衡点，计算团队的费用预算。

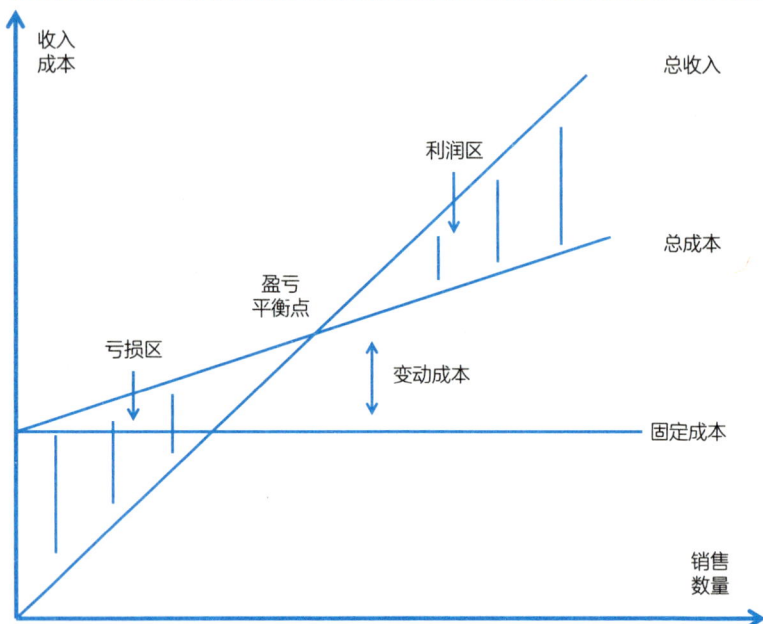

小贴士

盈亏平衡点的销售收入 = 固定成本 + 变动成本。

比如某企业产品的单价是 100 元，生产每件产品的人力成本为 30 元，其他成本为 20 元，该企业每月的固定成本为 20 万元，该企业产品销量的盈亏平衡点是多少呢？

100× 盈亏平衡点销量 =200 000+(30+20)× 盈亏平衡点销量。

盈亏平衡点销量 =4 000（件）。

盈亏平衡点销售收入 =4 000×100=400 000（元）。

1.3 人岗匹配

认识了人才，了解了团队中的岗位之后，团队管理者接下来要做的就是把正确的人才放在正确的岗位上，实现人才和岗位的匹配。人才和岗位匹配的方式有 3 种，一是通过岗位胜任力模型，二是通过人才画像，三是通过角色模型。

1.3.1　用胜任模型定义人才

🔒 **问题场景**

1. 你说的选拔人才的基本框架到底是指什么？

2. 选拔人才的基本框架就是建立一套人才模型，照着这套模型实施人才选拔。

3. 具体要怎么用呢？

4. 比如当团队的各岗位有比较具体的能力要求时，可以采用人岗匹配的人才选拔方法。

5. 人岗匹配就是人才和岗位要求的能力匹配对吗？

6. 没错，人岗匹配就是"以岗对人"，或者叫"以岗找人"，就是把岗位要求变成选人的框架，据此来选人。

问题拆解

　　有了岗位要求，就有了对从事岗位的人才要求，所以要选准人才，就要先明确岗位的要求。明确岗位要求可以采用岗位胜任力模型，通过岗位胜任力模型的要求来匹配人才特质，从而实现人岗匹配。

方法工具

工具介绍

胜任力（competency）

胜任力的概念最早是由哈佛大学心理学教授戴维·麦克利兰（David McClelland）于1973年正式提出的。麦克利兰教授也是人力资源管理基础理论工具冰山模型的提出者。随着胜任力概念的提出，麦克利兰教授提出了胜任力模型（competence model）的概念。

最早的岗位胜任力模型是为了研究和区分卓越绩效者与普通员工的差异，包括形象、认知、动机、特质、态度、价值观、知识、技能等维度的测量和区分。后来随着胜任力模型在实战中的应用发展，逐渐衍生出多种应用。

胜任力模型四大维度

指那些由个人自身特质决定的，比较根深蒂固、不太容易改变的东西，包括性别、年龄、性格、人格、智商、自我定位、忠诚度、人生观、世界观、价值观等。

指那些通过学习、查阅资料等后天学习得到的信息，包括专业、学历、学位、社会培训、证书、认证、专利及岗位需要的知识等。

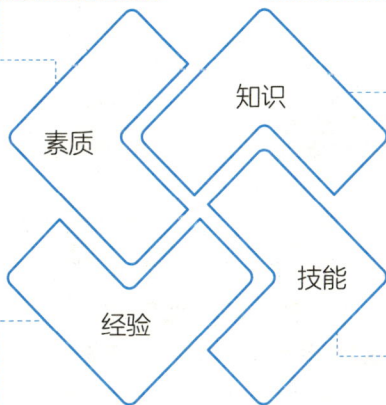

素质

知识

技能

经验

技能和经验有一定相关性，但并非持续相关，一般来说，随着时间的增加、经验的增长，技能的提升会趋于平缓。

指在一定知识的基础上，能够完成某个目标或任务的可能性，是一种知识的转化。知识和技能是不同的，只有知识没有技能是纸上谈兵。

应用解析

构建胜任力模型的 3 种方法

通过研究同类岗位上高绩效员工与低绩效员工的差异来建立胜任力模型。

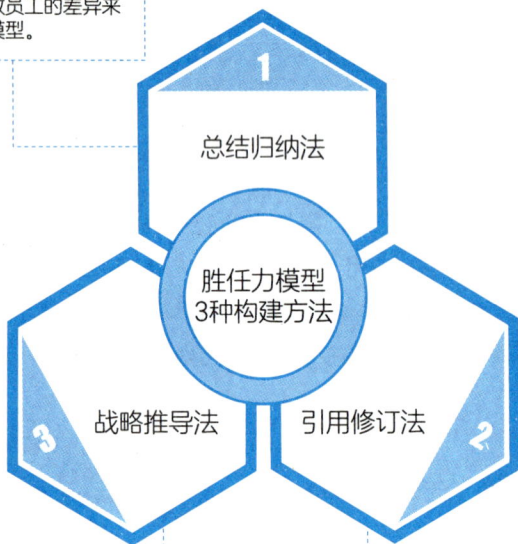

1 总结归纳法

胜任力模型 3种构建方法

3 战略推导法

引用修订法 2

本质是逻辑推理的过程，通过团队的核心价值观及战略规划对团队能力的要求进行推导并建立胜任力模型。

引用咨询公司、同行业优秀团队或对标团队的胜任力模型，视本团队实际情况修改后直接使用。

小贴士

素质维度反映"能不能"；知识维度反映"知不知道"；技能维度反应"会不会"；经验维度反映"做了多久"或"熟练程度"。

素质维度最重要，因为比较难改变。只要某人素质达标，三观正，知识、能力、经验 3 个维度都可以通过后天培养和努力获得。如果某人素质差，三观不正，性格有问题，再怎么培养也不会有好结果。

1.3.2 用人才画像描绘人才

问题场景

1. 岗位胜任力模型感觉太专业，除了这种方法外还有别的方法吗？

2. 除了"人岗匹配"外，还可以采用"人人匹配"。

3. 人人匹配就是把人和人做匹配？

4. 人岗匹配用到的是岗位胜任力模型，人人匹配用到的是人才画像。

5. 这两者听起来好像是一回事。

6. 不一样的，人才画像是"以人对人"或者"以人找人"。当从事某岗位的高绩效人才具备一些明显特质时，就可以采用人人匹配。

问题拆解

通过厘清岗位的高绩效人才特质，匹配岗位需要的人才特质，可以得到"人人匹配"的效果。岗位胜任力模型和人才画像都可以用来解决选人框架问题，它们功能相似，原理相似，存在一定关联性，但这两种工具的定位有所不同。只有岗位没有人时，可以用人岗匹配；既有岗位又有人时，可以用人岗匹配，也可以用人人匹配。

方法工具

工具介绍

人才画像

人才画像指的是岗位要求人才的基本属性。通过描绘人才画像，能够精准定位岗位需要人才的标准框架。围绕人才画像实施人才选拔，有助于提高人才选拔的效率和成功率。

很多猎头总能快速精准地找到合适的人才，正是因为猎头掌握了人才画像的应用方法，猎头们会像专业侦探在破案前描绘犯罪心理画像，或像专业销售在开展销售之前描绘用户画像一样，在正式开展人才寻访工作前，认真描绘人才画像。

人才画像组成要素可以参考胜任力模型的要素划分，分为素质、知识、技能和经验，也可以做更细致、更个性的划分。

人才画像可以包含的维度

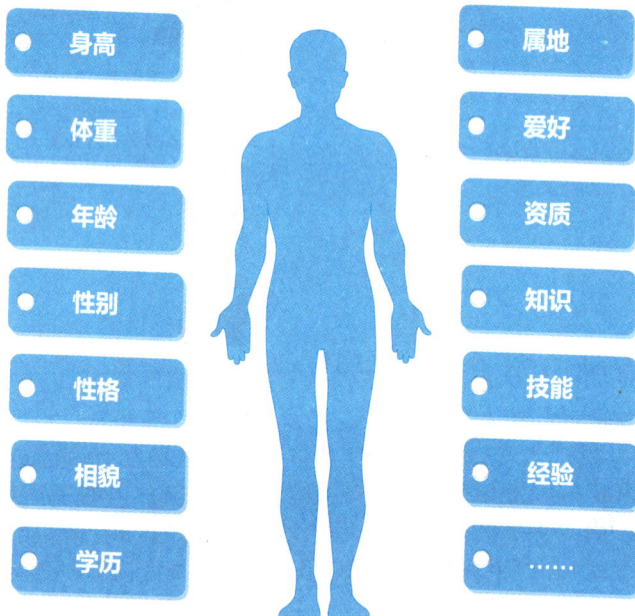

身高	属地
体重	爱好
年龄	资质
性别	知识
性格	技能
相貌	经验
学历	……

应用解析

人才画像的描绘方法

首先应收集人才画像需要的数据信息。数据采集不是维度越多越好，也不是越细致越好，而是根据岗位实际需要，在关键维度上多采集数据；在无关维度上，较少采集数据或不采集数据。

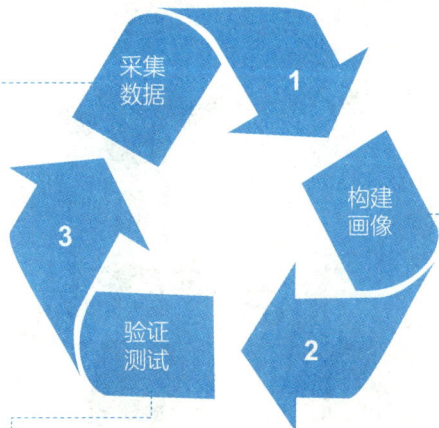

采集数据 1

构建画像 2

验证测试 3

人才画像初步描绘后，在正式应用前，还需要论证，也就是验证测试的过程。可以给人才样本（高绩效员工）看，也可以给人才样本的管理者看，还可以给外部专家看。

对于采集后的数据，在进行整理归纳、分类汇总和关键信息提炼之后，能初步得到人才画像。可以加入一些场景描述或标签化描述，让人才画像更真实立体。

小贴士

（1）人才画像的作用更多是提供参考，人才有时不必与人才画像完全一致。

（2）实践是检验真理的唯一标准。好用的人才画像需要在实践中不断应用调整。

（3）团队对岗位的要求会随环境变化而不断发展变化。人才画像应及时更新，随团队需要发展变化。

1.3.3 用角色模型框定人才

问题场景

① 人岗匹配和人人匹配的原理我明白了，可有时候团队有新业务，对需求的人才没有确定的岗位，也没有相应的人才，这时怎么办呢？

② 当人才需求比较模糊时，可以用"角色"来匹配。

③ 角色指的是岗位职责吗？

④ 不是，角色比岗位职责更宏观，更聚焦。

NO!

⑤ 角色可以是比较模糊的方向吗？

⑥ 可以的，角色不一定要非常明确，只要能达到形成选人框架的目的就可以。

问题拆解

除了"以岗找人"和"以人找人"之外，还有一种方式是"以角色找人"。当既没有现存岗位，也没有在这个岗位上绩效比较好的人才可以参考时，团队管理者就可以用角色来设计选人框架，最终达到"角色匹配"的效果。

方法工具

工具介绍

角色匹配

角色匹配是运用角色的功能性，对需求进行定位，再根据定位，选拔出适合从事该角色的人员。角色匹配中的角色可以是比较模糊的概念，它不需要像岗位胜任力模型一样具备非常明确的等级或具体的要求，也不需要像人才画像那样将人才描绘得过于细致，就能形成人才需求框架。

1985 年，迈克尔·波特（Michael E. Porter）教授提出了价值链（value chain）的概念，即每个公司都可以用价值链来表示其产生价值的全过程。迈克尔·波特教授把公司的所有活动分成基本活动和辅助活动两类。价值链模型可以作为团队划分角色的方法之一。

用价值链划分角色案例

	序列	管理序列	人力资源序列	财务管理序列		行政序列	
辅助活动	角色	高层管理	人力资源	财务	审计	档案管理	行政文秘
	序列	技术序列		科研项目管理	质量控制序列		安环管理
	角色	技术研发	生产工艺	项目管理	质量检测	体系认证	安环管理
	序列	后勤保障序列					信息序列
	角色	保卫	司机	厨师	宿管	勤杂	信息管理
基本活动	序列	采购序列	生产序列				市场序列	
	角色	物资供应	仓库管理	设备维修	生产实施	生产统计	市场开发维护	售后服务

应用解析

角色匹配应用案例

某移动互联网公司准备开发一款新功能型App。新App项目团队参照以往App项目团队的人员配置，将团队需要的6类角色、定位设置如下。

项目总负责人

定位：对整个团队和项目负责，是整个项目团队最高负责人和最终责任人，在项目团队中有最高权限。

产品项目经理

定位：项目中特定产品规划、定位，带领与产品相关的编程开发人员开展工作，引领产品开发。

视觉呈现设计

定位：产品功能结构排布和视觉呈现，保证产品功能呈现完整、界面友好、操作简单。

编程开发人员

定位：产品编程开发，根据产品项目经理对产品的规划，实现产品的功能预期。

功能测试人员

定位：产品功能测试，寻找产品开发和使用环节中呈现出的问题或潜在问题，促进产品功能完善。

产品运维人员

定位：产品上线后，负责产品稳定运行，定期维护产品，根据客户服务人员反馈的问题及时调整。

小贴士

人才画像的"人人匹配"、胜任力模型的"人岗匹配"和用角色来划分的"角色匹配"这3者之间既不矛盾，也不冲突。团队选拔人才时，可以根据需要把这3种工具合并使用，也可以使用这3种工具中的任何一种。

02

慧眼选拔人才

💎 本章背景

1 经过前面的交流，我现在对人才有了更全面的认知。可如何识别人才呢？

2 这就需要用到人才选拔机制了，通过简历筛选和面试来选拔人才。

3 我总觉得我们团队面试的效率太低了，常常花了精力和金钱，结果录用的人才却不能满足团队需求。

4 这是因为没有掌握面试的要领，没有把握好面试的正确方法。

5 这么说起来确实是，我们面试的时候经常不知道该问对方什么。

6 面试时如何提问确实是一门学问，根据面试需求的不同，问的问题也应有所不同。

背景介绍

正确认识了人才的框架后，要想科学地选拔人才，需要做好简历筛选和面试。根据面试场所的不同，可以将面试分成远程面试和现场面试。要精准面试人才，除了做好面试的筹备、掌握面试的结构与方法外，还要学会在不同的面试需求下提出恰当的问题。

2.1 筛选简历的方法

简历筛选是笔试和面试的前一个环节，是团队招聘人才的第一个重要环节。通过简历筛选，团队管理者可以筛掉不符合岗位要求的候选人，聚焦适合进入笔试和面试环节的人选。有效的简历筛选能够节省团队管理者和候选人的时间，提高人才选拔的效率。

2.1.1 简历筛选发现人才

问题场景

1 任老师，您是管理专家，我已经迫不及待想知道该怎么通过面试来选拔人才了。

2 选拔人才的第一步不是直接面试对方，而是先筛选简历，通过筛选简历提前过滤掉一部分不适合岗位的候选人。

3 说起筛选简历，我就想起一些很头疼的事。有的岗位能收到很多简历，有的岗位收到的简历却很少。

4 这也正常，因为不同岗位在人才市场上的供需是不同的，而且可能不同岗位需求信息的传播力度是不同的。

5 遇到这种简历过多或过少的情况该怎么办呢？

6 当简历过多时，可以定位出岗位需求的关键词，用关键词搜索；当简历过少时，可以主动出击找简历。

问题拆解

　　选拔人才的第一步不是面试，而是筛选简历。通过简历筛选，剔除掉那些不适合的候选人，从而提高人才选拔的效率。由于人才市场供需不同、岗位信息传播力度不同，收到简历的数量可能过多或过少，此时应分析原因，分别针对这两种情况采取措施。

方法工具

工具介绍

简历多或少时的应对策略

在人才招聘环节，常常会遇到收到的简历较多，筛选起来需要时间较长的情况。这种情况经常发生在一些基层的通用岗位，尤其是在校园招聘时，容易收到很多简历。这时需要掌握高效筛选简历的技巧。

如果简历太少，从哪里能够搜索到我们需要的简历？简历筛选最难的事情不是怎么筛选简历，而是没有简历可以筛选和如何尽可能多地获取简历。

简历过多或过少时的应对策略

通过规定基本信息要求，快速筛除掉不适合的简历。快速浏览和抓取关键信息，用5秒钟的时间迅速浏览候选人的个人基本信息和岗位之间的匹配程度，判断是否合适。

通过扩大和聚焦招聘渠道，尽可能多地发布招聘信息本身就是获取简历的一种有效方法。除此之外，还可以运用招聘网站的简历搜索功能。

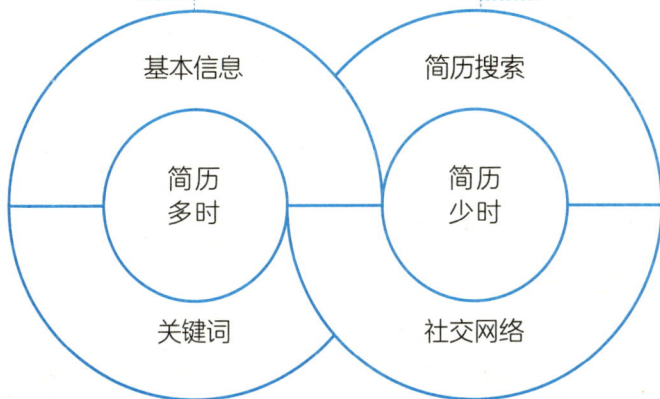

根据待招聘岗位及岗位具体情况，提前设计一些关键词。这些关键词都是招聘这个岗位时需要重点关注的。浏览简历时，可以在工作经历中快速抓取这些关键词。

利用公司或个人的社交网络来获取简历。这里的社交网络包括朋友、同事、社群等任何可能获取到求职者简历的关联方。

应用解析

简历筛选的 4 点注意事项

很多团队管理者喜欢有在著名大型公司工作经验的候选人，认为其在大公司的工作经历、接触人员的层次和小公司不一样，所以可能会有更高的能力。实际上，有大公司经验的人不一定适合中小公司。适合的，才是最好的。

具备内生动力的人最容易做成事情。有时候，这类候选人可能会主动打电话询问。越渴望得到某样东西、得到过程越艰难、自己付出的努力越多，就会越珍惜。对于这类候选人，应适当重视，尽量给其面试机会。

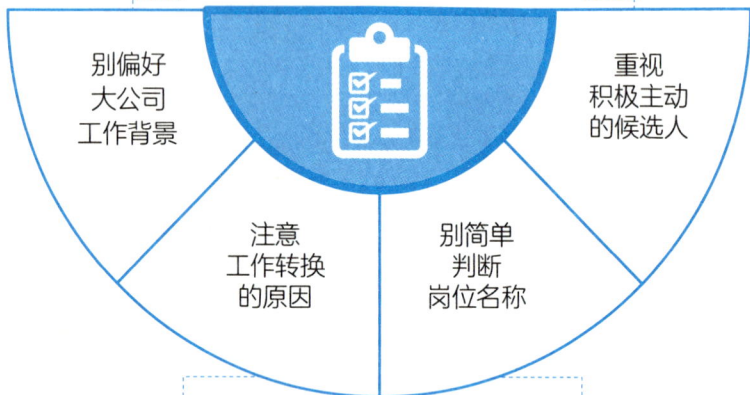

别偏好
大公司
工作背景

重视
积极主动
的候选人

注意
工作转换
的原因

别简单
判断
岗位名称

只要不是过于频繁换工作，候选人有多份工作经验不一定是坏事。关键是要在面试时了解候选人工作转换的真实原因。通过一段时间的职业摸索之后，候选人可能对职业定位和认识逐渐明确，能更踏实地开始新的职业。

有的公司为了弱化层级制、强调扁平化管理，把主管、经理、总监这类职位名称都去掉了；有的公司为了激励员工，普通员工对外也称经理。所以，不能轻易根据岗位名称判断候选人的能力。

小贴士

大公司内部的制度和流程较规范，且岗位间分工比较细致明确。大公司中的人才就像一台大型精密机械中的一个个齿轮。每个齿轮的职责，就是负责不偏不倚地精确转动。在这种环境下，人才能力的养成可能是单一的。中小公司对人才的综合能力要求更高。

2.1.2　要素分析评价人才

问题场景

1　我以前面试过一类候选人，但因其简历的原因，虽然面试通过了，我最后依然没有录用这类人。不知道我这样做对不对？

2　具体是什么情况呢？

3　因为我不负责简历初筛，直接参加面试，面试时看到这类人的简历，觉得非常不舒服。他们的简历给我一种随意的感觉。

4　连自己的简历都设计不好，连简历基本的规整都做不到的人，确实很难说他们将来能达到工作要求。

5　看来我这么做是对的，之前我总觉得可能是因为这类人没有美学基础，我对简历的要求有点苛刻。

6　这跟美学基础没有关系，互联网上有大量的简历模板可以直接套用，就算不用简历模板，基本框架和条理性也是要有的。

问题拆解

　　简历的质量能够在一定程度上反映出候选人对待事情的态度和能力。如果一个候选人连展示自己、决定自己是否被录用的简历都做得内容混乱、一塌糊涂，那么这个人的日常工作也大概率很难做好。精美简洁的简历不代表候选人态度好或能力强，但质量差的简历通常可以反映出候选人的态度或能力缺陷。

方法工具

工具介绍

筛选简历基本信息的 5 个维度

一份关乎自己求职命运的简历制作本身就是对候选人的一项考察。拿到候选人简历时，首先要关注一下简历的整洁性、全面性、排版与美感等。通过对简历的整体感觉，团队管理者可以初步判断候选人未来工作可能会有的态度、思维和能力。

除此之外，筛选简历要对 5 个维度的信息做分析，分别是求职意向、个人信息、学习经历、自我评价和薪酬期望。

筛选简历基本信息的 5 个维度

简历中的求职意向很重要，却很容易被忽略。团队管理者一定要尊重且仔细审视候选人的具体要求。如果招聘岗位和候选人的个人意向明显不符，可能没有必要跟候选人取得联系。

通过候选人简历中的个人信息，首先可以快速判断候选人的性别、年龄、身高、体重、籍贯、家庭住址、工作经历等信息和待招聘岗位的符合程度。如果这些基本条件不符合，可以迅速将候选人筛掉。

在判断学习经历时，除了专业是否对口、学位是否符合之外，要特别注意候选人的学历是普通高等教育，还是高自考、成人教育或网络教育。这些学历的含金量是完全不同的。

- 求职意向
- 个人信息
- 学习经历
- 自我评价
- 薪酬期望

虽然简历中的自我评价大多是主观的，内容多是有利于候选人的正面评价，但也可以根据这些内容大体判断候选人可能的优势所在。这项内容相当于面试时问候选人"你如何评价自己"。

候选人薪酬期望与待招聘岗位的薪酬标准差异不应过大。期望薪酬过高或过低都有问题。薪酬水平是一种社会价值的体现。期望薪酬过高则待招聘岗位无法满足，过低则可能候选人能力存在缺陷。

应用解析

工作经历 4 维度信息分析

筛选简历时，要注意候选人每段工作经历的时间长短、工作经历的衔接程度，是否存在频繁跳槽、频繁岗位转换等情况。

关注候选人原来的工作岗位是否与招聘岗位有相关性。这里需要注意的是，并不一定岗位名称相同，职责、工作内容就相同；也不一定岗位名称不同，职责、工作内容就不同。

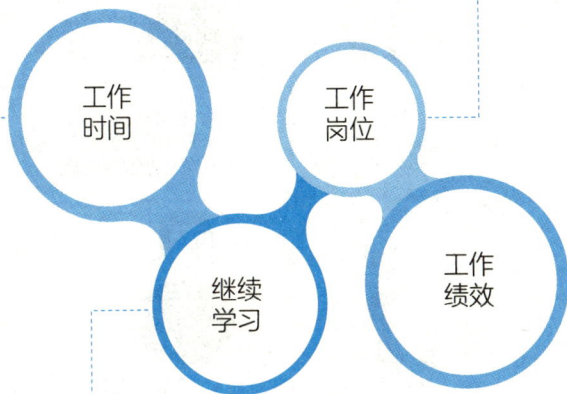

工作时间

工作岗位

继续学习

工作绩效

候选人继续学习的意愿和主动性决定了其未来的成长性。通过关注候选人的学习内容，判断对未来工作的帮助程度；通过关注候选人的学习成长、考证情况，判断候选人的学习能力。

要关注候选人在原工作岗位上都做过哪些成绩。曾经做出过的成绩代表未来可能创造绩效的能力。简历中有效的绩效最好是能够用数字量化的内容，而非一些夸张的形容词。

小贴士

工作岗位和待招聘岗位的相关性主要表现在原岗位的行业、规模、性质、职责、上下级关系、管理的幅度、工作的复杂程度等。需要注意的是，有的候选人为了避免别人发现自己频繁换工作，可能会隐去自己某段时间的工作经历，这时候团队管理者要注意面试以后的情况核查、验证或背景调查。

2.1.3　简历管理分类人才

问题场景

1 前不久刚做完一轮面试，办公室又多了一堆简历。

2 咱们之前是如何处理未录用者的简历的呢？

3 为了防止泄露别人隐私，我们都是用废纸机直接报废掉这部分简历。

4 注意隐私保护是对的，但直接把未录用的简历全部报废，未免有些浪费资源。

6 不需要全部留下来，可以把简历做分类管理，把其中优秀人才的简历留下来，形成外部未录用的人才库。

5 难道要全部留下来存档？

问题拆解

　　未录用者的简历不一定要全部报废，对于其中比较优秀候选人的简历，可以先留着，做简历的分类管理。等再次有岗位需求时，从这些留下来的简历中筛选出合适的人选。这些留下来的简历，可以逐渐构建起未录用人才库。

方法工具

工具介绍

简历的 ABCD 管理法

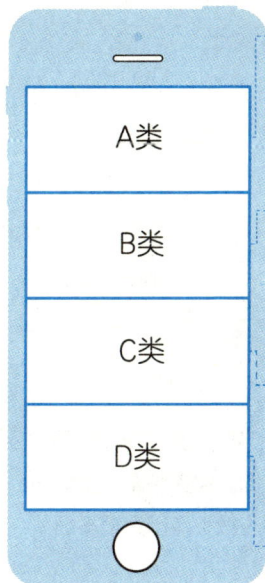

为便于对简历的进一步管理，团队管理者在筛选完简历后，要对简历进行分类管理，纳入简历库。

简历库是团队建立的外部人才库，可以用来存放曾经已通过面试决定录用，但最终因为非候选人原因，团队未录用的优秀人才。当团队有新的人才需求时，可以直接从简历库中寻找合适的人才，这样能在一定程度上提高选拔效率。

简历管理可参考 ABCD 管理法。

简历的 ABCD 管理法

A类

这部分简历的候选人和招聘岗位要求非常符合。先给这部分人进行电话和现场面试。当这部分人通过面试后，优先予以录用。对A类简历面试没通过的候选人，可以在简历上标注没通过的原因，存入简历库。

B类

这部分简历的候选人和招聘岗位要求有一定符合度，但符合度较小，或已有更适合的候选人通过面试。当所有A类简历候选人面试没赴约或面试通过后没选择上岗，可以在B类简历候选人中选择。B类简历也可以在简历库中存档。

C类

这部分简历的候选人和招聘岗位要求基本不符合，但该人选简历有必要暂时先存档。或这部分候选人目前不适合招聘岗位，但大体适合另外的岗位，不过另外的岗位目前没有外部招聘需求。这类简历可存可不存。

D类

这部分简历的候选人与当前或未来一段时间所有岗位的要求都不符合，没有为当前所有岗位或未来一段时间可能产生的其他岗位存档的必要。

应用解析

简历筛选参考时间

岗位类别	关注重点	简历筛选时间参考（秒）
基层岗位	日常工作的行为轨迹	10~30
基层管理岗位	工作事件的推进情况	30~60
中层管理岗位	任务/项目的实施结果	60~120
高层管理岗位	引领创造的价值成果	120~180

小贴士

　　曾经有人说，不管招聘什么岗位，都要 10 秒内看完一份简历。对于偏基层岗位的招聘来说，这么做是可以的。但招聘比较重要的中高层管理岗位时，这么做很可能出现问题，很可能因为很多细节的事项看不全，而浪费了彼此的时间甚至错过人才。

2.2　远程面试与面试邀约

筛选出简历后，团队管理者和候选人的第一次面试交流通常可以通过电话面试或视频面试等远程面试的方式进行。远程面试和面试邀约的操作质量不仅决定了团队管理者对候选人各方面考察获得信息的完整性，还决定了与候选人进一步交流沟通的可能性，以及候选人最终入职的可能性。

2.2.1 远程面试筹备方法

问题场景

① 筛选出简历后，就应该邀请候选人来公司面试了吧？

② 一开始不一定要实施现场面试，可以先通过远程面试，了解候选人的情况，如果觉得契合，再邀请候选人参加现场面试。

③ 你说的远程面试，指的是电话面试吧？

④ 不只是电话面试，视频面试也是远程面试的一种。只要不是物理空间上面对面的面试，都算是远程面试。

⑤ 我们平时也会做远程面试，可实施效果不理想。

⑥ 远程面试有相应的实施方法，而且远程面试的筹备环节决定了其成败。

问题拆解

为节省候选人和团队管理者的时间，在简历筛选后、实施正式现场面试前，可以先实施远程面试。远程面试有相应的流程和方法，掌握远程面试的流程和方法才能让远程面试产生应有的效果。在实施远程面试前，要做好筹备工作。

方法工具

工具介绍

远程面试筹备

常见的远程面试包括电话面试和视频面试。远程面试虽然不是现场面试，但也不能掉以轻心。团队管理者不要盲目实施远程面试，要先做好准备工作。

远程面试的准备包括5点：一是要在岗位发布前包装招聘信息；二是要提前了解竞业的招聘情况；三是要仔细查看候选人简历；四是要做好被拒绝或质疑的心理准备；五是提前设计远程面试的问题。

远程面试筹备的5点注意事项

候选人在接到电话通知后，一般会查看自己简历投递记录，也会查看这个岗位的具体介绍，好的招聘宣传信息，会增加应聘者参加面试的概率。对招聘信息的包装要在发布岗位信息前就做好。

为提高面试效率，要仔细查看候选人简历，并详细标出需要进一步了解或确认的关键信息。这些关键信息可以作为电话面试时重点问的问题，也可以作为远程或现场面试时的话题点。

提前设计一些面试问题和话术，以备交流时使用。这些话术根据岗位特点，随着经验积累，可以逐渐整理成一套标准的问题和话术，将其打印，每次远程面试都可以使用。

包装招聘信息　了解竞业信息　仔细查看简历　做好心理准备　提前设计问题

在远程面试前，提前了解竞业的相关岗位的招聘情况，了解其他企业的招聘要求、薪酬水平等信息，从而比较得出人才市场上自身岗位相较于其他岗位的优势，找出候选人选择自身的理由。

每个候选人求职的目的不同，有的候选人是抱着试试看的心理，要做好远程面试时被质疑或被拒绝的心理准备，不要因为对方拒绝或质疑而乱了阵脚。

应用解析

远程面试的 6 类通用问题

请候选人简单介绍个人情况。通过自我介绍开场，是双方相互熟悉的过程。团队管理者可以借此判断候选人简历信息和个人描述是否一致，可以大体了解候选人的基本情况。

询问和确认候选人各阶段的工作经历、工作职务及工作职责，可针对候选人简历上写的学习背景和工作内容谈谈对方的情况。注意确认候选人每段经历的工作时长。

询问目前或上一份工作经历的主要内容、拥有技能和绩效情况。可以请候选人提供能体现曾经工作业绩、工作责任和复杂程度的确切数字。

询问经历	了解绩效
自我介绍	明确原因
询问疑点	薪酬预期

询问简历筛选过程中发现的各项疑问点。简历筛选过程中发现的所有疑问，都可以在远程面试时先行确认，以免进一步面试时浪费双方的时间。

询问候选人目前的薪酬情况及能接受的薪酬底限。如果候选人能接受的最低薪酬和岗位能提供的差别较大，同时岗位薪酬弹性较小，那这个候选人可以不考虑。

询问候选人每个阶段离职的具体原因。判断候选人离职是因为个人原因，还是因为企业原因；是主观原因，还是客观原因。

小贴士

可以将远程面试的考察问题整理成一套标准话术，团队管理者可以把这些话术打印在一张纸上，每次远程面试时，把这张纸放在面前，不一定要对着话术一字一句地说，但至少能够提醒团队管理者不要有漏项，把该说的说全，该问的问全。

2.2.2 电话面试初筛人才

问题场景

1. 我以前做过电话面试，虽然有面试问题库，可总觉得面试完不记得都聊过什么，尤其在连续电话面试好多人后。

2. 你可以在电话面试时做好记录，把面试过程中挖掘出的对方的重点信息记录下来，就不容易忘了。

3. 这是个好办法。另外，电话面试的问题库是不是应该丰富一些？这样能对不同的候选人问不同的问题。

4. 其实电话面试没有必要对不同的候选人问不同的问题。

5. 为什么？这样不会单调吗？

6. 所谓单调只是面试官的感觉而已，让不同的电话面试对象回答相同的问题，反而更公平。

问题拆解

电话面试虽然是通电话，但毕竟是面试，所以面试官要用正式面试的心态来对待电话面试。在电话面试过程中要做好记录，完整记录下候选人的基本情况。电话面试可以问所有候选人相同或类似的问题，以便在同一问题语境下公平地判断不同候选人的情况。

方法工具

工具介绍

电话面试

电话面试是通过电话的形式对候选人进行的面试，通常作为整个面试流程的初试。

如果电话面试后，觉得候选人并不符合岗位要求，可以将其直接淘汰，不需要邀约其参加面试。如果觉得候选人基本符合岗位要求，可以在电话中对其进行初步肯定，增加其来参加下一轮面试的信心，同时向其正式发出现场面试邀约。

电话面试的 5 个注意事项

管理者在电话面试过程中应做好面试沟通笔记，一是为比较决策候选人是否参与现场面试提供参考，二是为下一步正式面试提供参考，节省对同类问题的重复提问。

管理者在电话面试的过程中要注意候选人的回答是否和简历存在相互矛盾，或候选人的回答是否存在不符合逻辑的地方，以备进一步提问。

电话面试过程中应该尽量让候选人表达，而不是让对方一直听自己表达。电话面试的主要目的是为了获取信息，次要目的才是传递信息。

- 必要记录
- 公平对待
- 用心专心
- 不做承诺
- 多听少说

现场面试时，为防止候选人等待时相互交流，影响面试公平性，对每个候选人会问不同的问题，但电话面试很难出现这种情况，为公平对待，可以问每个候选人相同的问题。

在电话中不要做任何不确定的承诺。例如为吸引候选人对岗位产生好感、愿意参加现场面试，承诺入职两年就可以晋升。

应用解析

高端岗位电话面试注意事项

高端岗位的电话面试，很多时候的定位不是选拔人才，而是吸引人才。高端人才的能力较强，且招聘录用较难，电话面试过程不仅是为了解其基本情况，还是为了引导其来参加现场面试。

在电话面试高端岗位时，如果觉得对方的能力和经验适合招聘岗位要求，应当对其专业性或工作成果给予适度肯定，让其感受到自己被认可，从而增加其对岗位的好感，增大其参加现场面试的可能性。

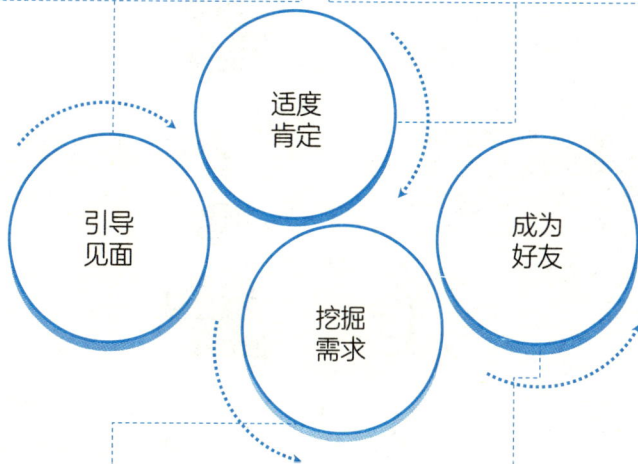

适度肯定

引导见面

成为好友

挖掘需求

电话面试时应深入挖掘候选人需求，这样才能进一步了解候选人。挖掘需求时可以多问开放式问题，了解候选人对工作的真实想法。

电话面试结束后，可以添加对方社交软件好友，和对方成为弱连接的朋友，时不时地与候选人做非正式的交流，加深了解。这既是为了拉近和对方的距离，也是一种储备人才的手段。

小贴士

很多高端人才具有比较强的稀缺性，拥有比较宝贵的能力或经验，是团队梦寐以求的。为表达对这类高端人才的尊重，电话面试应淡化面试感，以平等的氛围和探讨问题的方式，轻松、愉悦地展开对话。

2.2.3　视频面试定位人才

问题场景

1　电话面试虽然成本较低，可见不着人，心里总觉得不踏实。

2　那可以用视频面试来代替电话面试，这样就能见着人了。

3　这是个好方法，充分利用互联网，我也可以用视频面试来代替现场面试啊。

4　最好别用视频面试代替现场面试。

6　一是因为现场面试交流效果更佳；二是现场面试更正式；三是现场面试能引起候选人的重视，让候选人感受到被尊重。

5　为什么呢？

问题拆解

　　要解决电话面试只能听到声音却见不到人的问题，可以采用视频面试。需要注意的是，视频面试虽然能够看见对方，做到类似面对面沟通的效果，但视频面试不能代替现场面试。因为现场面试更正式，面试效果比视频面试要好。

方法工具

工具介绍

视频面试

视频面试指的是以网络视频信息技术为媒介进行面试选拔的过程。相较于电话面试，视频面试的优点是面试官能够在面试过程中见到候选人的样貌、神态、肢体等影像，能够实现接近于现场面对面交流的效果。

视频面试属于线上面试，除了因面试媒介而产生的不同外，视频面试的流程与线下面试流程几乎相同。目前市面上可以支持视频面试的软件载体非常多，例如微信、QQ 等主流社交软件以及一些主流直播软件和视频会议软件都可以实现视频面试的功能。

筹备视频面试的 4 点注意事项

视频面试传输的是视频画面，因此对网络环境（带宽）有一定要求。如果网络环境较差，视频面试过程的连贯性可能会受到影响。这里优良的网络环境不仅指企业方的网络环境，还包括候选人的网络环境。

视频面试对设备有一定要求。企业方一般应选择像素较高的视频设备，同时应对候选人的视频传输设备提出要求。不论候选人通过手机或计算机参加视频面试，视频设备的像素应达到一定要求。

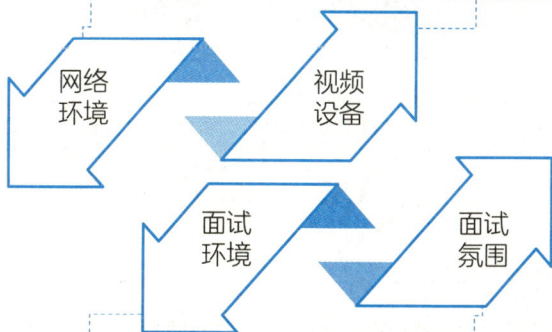

网络
环境

视频
设备

面试
环境

面试
氛围

面试官要选择合适的环境进行视频面试，视频面试的环境应安静，周围不应有装修施工、团体活动或临街噪声等声音干扰。面试官要提前告知候选人，让候选人按同样的声音标准选择视频面试的环境。

面试官要注意营造专业的面试氛围，背景环境中最好有明显的标识、符号、色彩等体现企业文化标识的符号。如果没有这类背景环境，则选择优雅、朴素、大方、平和的办公环境或白墙。

应用解析

实施视频面试的 6 点注意事项

视频面试时，要注意网络安全。主要供商务场景使用的视频会议软件加密做得比较好，安全性更强，建议优先选择这类视频会议软件。

有的面试官实施视频面试时，会关掉自己这一方的画面，让候选人见不到自己。这样做是非常不礼貌的，可能会给候选人留下不好的印象。

对候选人视频面试设备的具体要求应合理，可以根据大众持有电子产品的平均参数做出要求。如果对视频面试设备要求过高，可能会劝退很多候选人。

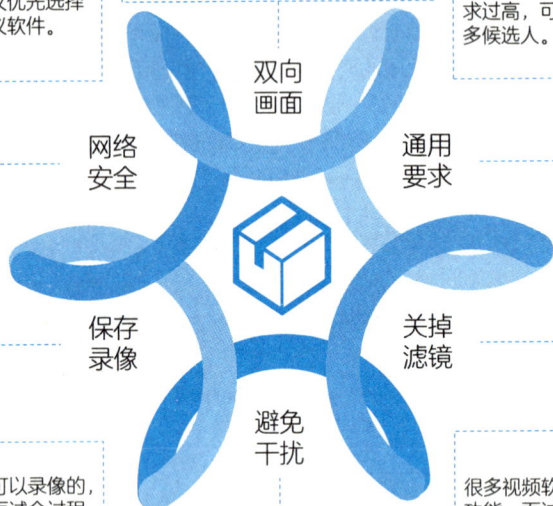

网络安全

双向画面

通用要求

保存录像

关掉滤镜

避免干扰

视频面试是可以录像的，建议对视频面试全过程录像存档。存档的视频面试录像既可以作为录用依据，也可以备后续查阅，还可以作为内部案例讨论学习。

有的电子设备间有电信号干扰，从而产生杂音和视频画面的信号传输问题。面试官在进行视频面试前要提前调试设备，视频面试过程中要注意远离可能存在电信号干扰的电子设备。

很多视频软件有"美颜"功能，面试官更期望见到候选人的真容，所以在视频面试开始之前，应要求候选人关闭或不要开启"美颜"功能。

小贴士

视频面试的筹备和顺利运行需要双方共同配合。面试官要保证设备，候选人也要保证设备；面试官要保证网络环境，候选人也要保证网络环境。有时候，从候选人对视频面试的筹备，也能侧面看出候选人对面试的重视程度和能力。

2.2.4 面试邀约满足需求

问题场景

1 有不少高端岗位的候选人，我们非常希望他们加入公司，对这类人面试就是多余的。

2 并不是这样，越省略面试环节，对方越不会重视你。

3 为什么呢？

4 因为多数人不会珍惜轻易得到的东西。得到的过程越难，反而会越珍惜。

5 原来如此，看来不论对谁，面试还是需要的。

6 是的，提高面试赴约率，能增加候选人最终入职的概率，而且最好是现场面试。

问题拆解

　　心理学中说，人们通常会厌恶自己为之付出努力却得不到的东西。当人们为了某事付出某项努力，就偏向于希望这件事情达到自己预期的结果。让候选人参加面试，一方面是为了考察候选人的能力，另一方面也是对这个原理的一种应用。参加过面试（尤其是现场面试）的候选人、为面试付出越多的候选人，最终越可能选择入职。

方法工具

工具介绍

面试邀约

面试邀约是团队管理者期望候选人参加面试而发出的邀请。面试邀约一般可以分成远程面试邀约和现场面试邀约。面试邀约一般是通过电话进行的。面试赴约率影响招聘满足率，团队管理者应尽可能提高面试赴约率。

面试邀约的 4 个注意事项

注意礼貌

人的声音会出卖自己，不要认为隔着电话，候选人就不能听出我们的说话语气。电话通知的态度能够影响候选人会不会来参加面试，这些细节能体现出团队管理者的基本素质。

适度认同

既然已经通知候选人面试，就说明其基本条件符合岗位要求。这时候要对候选人表示认同，可以适当表达出候选人与岗位的匹配性，获得候选人的心理认同感。

必要提醒

实施邀约后，需要马上发短信确认时间、地点及候选人需要携带的物品。还应告知路线信息、停车信息、联系人电话等。在面试前一天，重新发消息再次提醒和确认。

介绍公司

很多候选人找工作是海投简历，团队管理者要向对方介绍自己的团队，描述优势。如果有必要，同时可以简单介绍岗位。这样可以唤起候选人的记忆、获得信任，且能提高其注意力。

应用解析

面试邀约的 4 个实施技巧

进行面试邀约时，在告知对方面试的时间、地点、方式后，可以通过对方的语气、语调判断对方面试赴约的意愿。如果发现对方意愿低，可以尝试说服吸引，如果对方依然不感兴趣，可以果断放弃，给别的候选人预留机会。

面试邀约时可以询问候选人对面试有没有疑问，如果候选人有疑问，应回答候选人的疑问，打消候选人的顾虑。面试前，应尽量向候选人提供足够的信息，体现出耐心、周到，增加候选人对求职的好感。

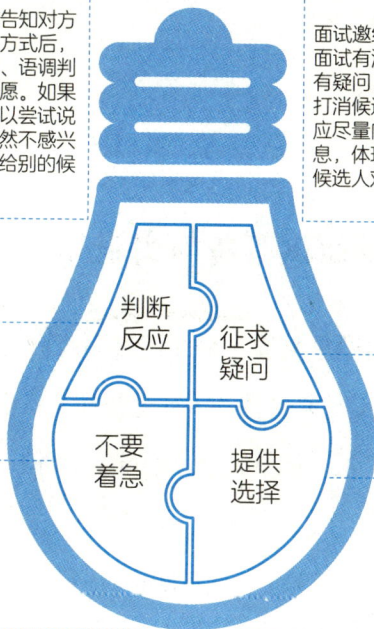

判断反应

征求疑问

不要着急

提供选择

对一些高端岗位，邀约时要尊重对方，不能在还没问候选人有没有时间，也没确认候选人是否有意向的情况下，就忙着敲定面试的时间，这样可能引起候选人的反感。可以在了解候选人的意向后，再敲定具体面试时间。

为提高面试赴约率，对候选人面试时间的邀约可以尽可能提供2个或更多的时间段供对方选择。在确定面试的具体时间后，在通话的最后，向对方重复一遍面试的时间，和候选人达成一种心理契约。

小贴士

候选人面试爽约的情况经常发生，作为团队管理者，除了感慨"诚信危机"和发牢骚外，还应从自身找原因，想一想自身可以从哪些方面做出努力，提高候选人的面试赴约率。

2.3　现场面试筹备与实施

　　现场面试是候选人和面试官面对面交流沟通的面试形式，是比较正式的人才选拔环节。根据现场面试的功能不同，面试可以分成初试和复试；根据参与人数的不同，面试可以分成一对一面试（一个候选人、一个面试官）、一对多面试（一个候选人、多个面试官）或多对多面试（多个候选人、多个面试官）。

2.3.1 现场面试筹备方法

问题场景

1. 我有时看到团队管理者做面试官时不修边幅，不知道该不该进行要求和提醒。

2. 这种情况当然该提醒，面试官给候选人的第一印象就是团队给候选人的第一印象。

3. 听起来这是个比较严重的问题。

4. 当然，面试官在面试候选人，候选人也在审视面试官。面试官的形象决定了团队在候选人心中的形象。

5. 今后我一定要加强对这个问题的强调和要求。

6. 现场面试选拔的全过程不仅只有评价人才的功能，还有吸引人才的功能。

问题拆解

　　面试官是企业和团队向候选人展示的"颜面"。如果现场面试过程中因为面试官的不专业，给候选人带来比较差的感受，使其对企业或团队留下了不好的印象，就算面试通过，最终候选人也不会入职。所以，面试官要做好现场面试的准备工作，展示自己的专业，给候选人留下良好的第一印象。

🔑 方法工具

工具介绍

现场面试筹备

在正式开展现场面试前，面试官需要做好准备工作。除了设计结构化面试、准备面试问题和筹建面试小组这些"软件"要求外，现场面试前"硬件"层面的准备工作主要包括两方面，一是面试官的准备，二是面试场所的准备。

现场面试筹备的两个维度

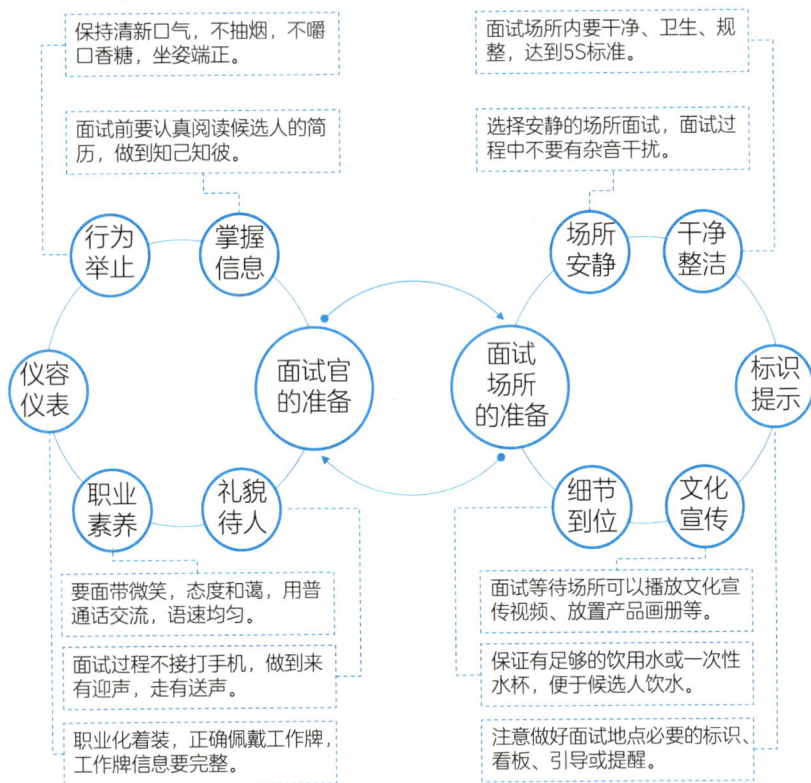

保持清新口气，不抽烟，不嚼口香糖，坐姿端正。

面试前要认真阅读候选人的简历，做到知己知彼。

面试场所内要干净、卫生、规整，达到5S标准。

选择安静的场所面试，面试过程中不要有杂音干扰。

- 行为举止
- 掌握信息
- 场所安静
- 干净整洁
- 仪容仪表
- 面试官的准备
- 面试场所的准备
- 标识提示
- 职业素养
- 礼貌待人
- 细节到位
- 文化宣传

要面带微笑，态度和蔼，用普通话交流，语速均匀。

面试过程不接打手机，做到来有迎声，走有送声。

职业化着装，正确佩戴工作牌，工作牌信息要完整。

面试等待场所可以播放文化宣传视频、放置产品画册等。

保证有足够的饮用水或一次性水杯，便于候选人饮水。

注意做好面试地点必要的标识、看板、引导或提醒。

应用解析

建立面试官小组的 4 点注意事项

面试官小组成员应当是互补的，包括知识互补、能力互补、气质互补、性别互补、年龄互补。

重要性不同的面试，可以成立不同的面试官小组，例如初试小组和复试小组。不同面试官小组的成员组成是不同的，决策权也是不同的。

互补

分层

信息

培训

面试官小组成员应提前获取必要的信息，包括待招聘的岗位要求、候选人的简历信息、面试流程和运行方式等。

面试官小组成员应提前接受与面试相关的培训，掌握面试提问技巧和面试方法，具备面试和评价候选人的能力。

小贴士

　　为防止面试官小组中相关人员不专业，比较好的解决办法是"人选标准，标准选人"。通过事先制定标准化的面试流程和方法，执行标准化的流程，实施人才选拔。按照这个思路，通过结构化和非结构化面试，固化面试流程，是防止个别面试官不专业或出现判断失误的最好方法。

2.3.2　设计结构精准选人

问题场景

① 我们团队面试环节的标准化普遍做得不好。

② 这种情况可以通过实施结构化面试，标准化地选拔人才来改善。

③ 结构化面试？这个我懂，就是创建一个问题库，从问题库中挑问题来提问是吧？

④ 那只是结构化面试的一种表现形式，不代表就是结构化面试。就像云是白色的，但不代表白色的就是云。

⑤ 那结构化面试主要指的是什么？

⑥ 结构化面试不只与提问有关，还与面试官、面试程序、测评要素等的结构化有关。

问题拆解

　　要做到面试标准化，可以实施结构化面试。有人认为结构化面试就是整场面试全都从一个问题库中挑问题问，不能随便乱问；有人认为只要对每个候选人问一样的问题，就叫结构化面试。这些观点都是对结构化面试的误解。

方法工具

工具介绍

结构化面试

结构化面试中的面试题、评分方法、评分标准等采取的都是标准化的操作方法，面试官应按照标准和流程的规定逐项实施面试，不能随意改动。这类面试一般结构比较严谨，层次性强，整个面试过程标准化程度相对较高。

设计结构化面试可以参考 3 个步骤。

（1）分析岗位要求：包括分析岗位的素质要求、知识要求、能力要求和经验要求；

（2）设计面试问题：根据面试测评的项目，设置面试过程中的问题；

（3）安排问题顺序：一般面试问题设置的原则是循序渐进，先易后难。

结构化面试的三大要素

在结构化面试中，面试官的工作性质、年龄层次、性别、专业特点应当具备一定的结构特点，不应过分偏重于某一个方面。面试官的数量一般为奇数，根据面试规模的不同，多数情况为 3~11 人。

结构化面试通常要有一套比较标准的面试流程。例如，有的结构化面试规定先笔试，再面试，笔试超过80分才有资格参加面试。面试又分成初试和复试，什么人做面试官，面试什么内容，面试多长时间……都是标准化的。

1. 面试官组成结构化
2. 面试程序结构化
3. 测评要素结构化

面试过程中对候选人的测评要素应当遵循一定的结构，包括候选人的仪容仪表、语言表达、分析能力、沟通能力等。每个测评项的设置都有一定的目的性和考察重点。面试中对候选人所有的测评项目的评分应具备一定的标准。

应用解析

结构化面试案例

某大型零售连锁超市基层员工结构化面试评估维度和问题如下表所示。

测评维度	权重	测评目的	面试问题	评分等级		测评分值	折算倍数
顾客导向	25%	考察应聘者能否做到以顾客为中心，很好地服务顾客	假如一件事情，并不是你的错，但是顾客非要你道歉，你会怎么办？	杰出	先向顾客道歉，体现出良好的顾客意识、识大局	5	4
				优秀	先道歉，再说明道理	4	
				合格	纠结于到底是谁的错，在无奈之下道歉	3	
				不合格	拒不道歉	1	
沟通能力	10%	考察应聘者是否具备与领导、同事、顾客良好沟通的能力	在工作中，你和主管之间意见不一致时，你会如何解决？	杰出	高度的沟通意识并能通过有效的沟通达成共同意见	5	3
				优秀	采取有效的沟通方式，意在达成共识	4	
				合格	沟通，但是仍然固执己见	3	
				不合格	不沟通，武断使用自己的意见	1	
执行力	25%	考察应聘者能否积极完成工作任务，履行工作职责	假设，今天是你爱人的生日，家人打电话催你早点回去庆祝，可是工作还没有完成，你怎么做？	杰出	坚守自己的岗位，集中精力提高工作效率，尽早完成工作，回家庆祝	5	5
				优秀	与家人沟通好，留下来完成自己的工作	4	
				合格	与要好的同事协商，帮助自己完成工作	3	
				不合格	明天再做工作，直接回家	1	
公司认知	15%	考察应聘者对行业性质、公司文化的认同	零售行业周末、节假日是销售高峰期，一般无法安排休班，会安排平时倒休，能否接受？	杰出	能够明确表示认同零售行业的特殊性	5	3
				优秀	能够理解零售行业的工作性质，能够接受	4	
				合格	有犹豫，能够勉强接受	3	
				不合格	毫不犹豫不能接受	1	
诚信自律	25%	考察应聘者的道德品质及职业操守	假如您看到和自己要好的同事下班时将自己买的商品按打折处理，你会怎么办？	杰出	敢于将此类问题向店长检举，不营私舞弊	5	5
				优秀	跟同事讲清利害关系，维护公司的规章制度	4	
				合格	上前制止，劝其打消该念头	3	
				不合格	多一事不如少一事，不去理睬，装作没看见	1	

备注：70分以下不录用，70分以上可录用。

小贴士

因为篇幅有限，上表仅作为案例演示，表中的面试问题只展示了一部分，实际应用时的面试问题可以采用试题库的形式。根据岗位胜任力的项目，每个项目至少设置 5 个以上可供选择的面试问题。

2.3.3 常用工具高效识人

问题场景

1　我面试时问候选人之前做过的工作，很多候选人回答泛泛，不清不楚。遇到这种情况我都直接予以淘汰。

2　这样的话，应该没有很多候选人能通过面试吧？

3　确实是，按我的要求，最后几乎剩不下几个候选人。

4　这样是不利于人才选拔的。候选人回答泛泛也许只是表达的问题，我们可以适度引导。

5　怎么引导呢？

6　我们可以让候选人多讲细节，多讲具体的行动和结果。如果我们提醒了，候选人还讲不出，再淘汰也不迟。

问题拆解

　　候选人在面试时能全面准确地理解和回答面试官的问题固然是好的，但这种情况毕竟是少数。有时候不是候选人不优秀，而是面试官的表达、候选人的理解等造成候选人做出泛泛的回答。为提高面试效率，面试官可以运用工具或方法引导候选人。

方法工具

工具介绍

STAR 工具

为了让面试更全面，面试官在面试的过程中，可以应用 STAR 工具。STAR 工具是一种面试问题"生成器"。

S（situation）表示情景，指的是这件事情当时所处的环境和具体的背景。

T（task/ target）表示任务或者目标，指的是当时的工作是要做什么，具体的目标是什么。

A（action）表示行动，指的是候选人都采取了哪些具体的行动。通过候选人采取的行动，我们能够了解到候选人的思维方式和行为方式。

R（result）表示结果，指的是最后达到了什么样的结果。通过这个结果，我们也可以进一步询问候选人从这个结果当中有没有经验的总结，有没有收获或者进一步改进的想法。

STAR 工具

例如，当初你所在的公司为什么要搞这个项目？当时处于什么样的背景？

例如，这个项目的目标是什么？你在项目中负责哪一块？你的任务目标是什么？

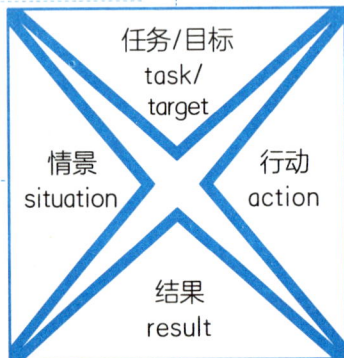

任务/目标
task/ target

情景
situation

行动
action

结果
result

例如，这个项目最终取得了什么结果？你的任务目标最终取得了什么结果？

例如，为了达到你个人的任务目标和项目目标，你做了什么？

应用解析

AOE 工具

具体的解决方案或行动。
例如，当候选人回答过于空泛，不够具体时，可以问：你能够具体说明一下要如何实施吗？请你详细说明具体的方案或行动。

行动
action

可行性
realistic

其他行动
other

解决方案在现实中的可行性。
例如，当觉得候选人某个方案/行动有瑕疵，可以问：你的方案/行动总体可行，不过关于这个岗位，有这样的实际状况……关于这个状况，你准备如何调整方案/行动呢？

与预期不符时，其他的解决方案与行动。
例如，当候选人说出比较具体的方案或行动后，可以问：只有这一种方案/行动吗？有没有可能换个角度，换一种其他的方案/行动呢？

小贴士

面试的过程是候选人表达和展示的过程，面试官应想办法让候选人在提问中尽情发挥，而不是让候选人听自己滔滔不绝。一般来说，一场面试结束，候选人的表达时间应达到 80% 以上，面试官的表达时间应控制在 20% 以内。

2.3.4 识别谎言防止错选

问题场景

① 我发现很多候选人在面试环节会说谎，我们很多时候都是后知后觉，等人才入职之后才发现。

② 候选人为了得到某个职位，对自己工作的经历有适度夸张很常见，我们要理解。

③ 你的意思是，我应该适度接受候选人的谎言？

④ 是的。如果候选人的谎言无伤大雅，不影响其做好工作，不必过分在意。但如果在关键问题上有假，则要特别重视。

⑤ 有没有什么办法可以精准无误地判断出候选人的谎言呢？

⑥ 说实话，我们毕竟不是侦探，筛选简历和面试时可以留意，但要说"精准无误"，恐怕很难做到。

问题拆解

如何辨别候选人面试过程中的谎言是一个永恒的话题。要解决这个问题，简历筛选时的火眼金睛，面试时的明察秋毫，都是辅助手段，不能完全靠这类手段辨识谎言。要核实候选人的关键信息，还需要对其进行背景调查。

方法工具

工具介绍

面试环节的谎言判断

候选人为获得岗位，面试时会有说谎的可能，比如夸大自己的成绩、放大自己的贡献、抬高自己的职位、说高自己的薪酬……这些谎言让面试官防不胜防。

实际上，面试官在面试中很难精准地判断候选人究竟有没有说谎，或者哪句话说谎了。不过，这也不代表面试官在面试时完全不能识别候选人的谎言。

要识别候选人的谎言，可以从 4 种方法入手，分别是逻辑判断、关注细节、运用情绪和背景调查。

判断候选人谎言的 4 种方法

背景调查是判断候选人真实情况最稳妥的方法。面试官毕竟不是测谎专家，也不是侦探，对于面试环节的很多判断难免主观。当发现一些蛛丝马迹，产生疑问时，可以通过背景调查来确认。

当提问涉及情绪时，候选人很可能说真话。其对某事件的情绪越强烈，就越可能以真话的形式表现出来。面试官最好提一些和候选人的情绪相关联的问题。例如，最让你兴奋、有成就感的工作经历是什么？

背景调查

运用情绪

关注细节

逻辑判断

一般的谎言编得比较粗，如果要回答比较细节的问题，通常很难临时编出比较圆满的细节。一个谎言要用一百个谎言来圆就是这个道理。随着越来越深入细节，候选人可能会编不下去，也更容易露出马脚。

当面试官在候选人的工作经历中发现异常问题后，可以就这个异常问候选人，然后根据候选人前后的回答与描述，通过逻辑判断，大致可以判断候选人有没有说谎。明显的逻辑漏洞或有悖常理通常可证明是说谎。

应用解析

常见的 4 种问卷调查方法

电话调查是最常用方法，也是成本最低的背景调查方法，这种背景调查方法是通过电话访谈候选人原工作单位的同事、人力资源部或行政部工作人员，了解候选人的工作时间、岗位、绩效、离职原因等关键信息。

问卷调查是先制作背景调查问卷，通过把背景调查问卷发送给候选人的证明人的方式，期望证明人反馈一份相对正式的、完整的、模块化的回复。问卷调查需要花费证明人时间，在操作问卷调查时要注意技巧。

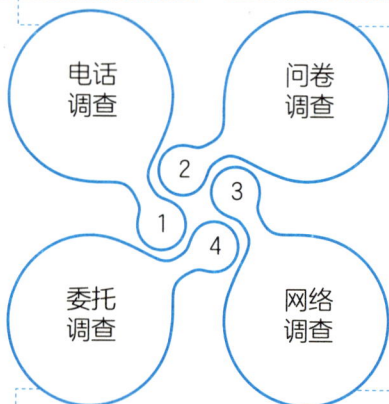

电话调查

问卷调查

2
3
1
4

委托调查

网络调查

委托调查是通过委托专业的背景调查机构获取候选人详细背景的调查方式。这种方法的优点是比较专业，能相对迅速准确地得到候选人的详细信息；缺点是需要付出的费用成本较高，更适合高端岗位。

网络调查是通过网站、社交网络或社交媒体，了解候选人信息，或通过搜索引擎了解候选人的新闻报道类事件。网络调查通常只适用于那些能够在互联网或社交网络找到相关信息的人员。

小贴士

　　一次完整的背景调查，可选择两种调查渠道以相互验证。当差距较大时，可以再多选择一种。假如只选择一种背景调查渠道，信息之间不能形成相互印证，但对小团队也并非不可接受。如果选择的背景调查渠道太多，信息量太大，则管理成本较高，也未必是好事。

2.3.5　减少误差避免误判

问题场景

1
学会了面试的设计方法，知道了如何识别候选人的谎言，我觉得现在面试似乎万无一失了。

2
别那么乐观，面试过程中有很多可能存在的误差，这些误差也是我们需要避免的。

3
面试误差？什么误差？

4
例如，你有没有一见到一个候选人，就觉得这个人特别好；或者一见到一个候选人，就觉得这个人特别差的情况？

5
你别说，不仅有，还经常有这种情况。这就是面试误差吗？

6
是的，这就是典型的面试误差，你都还没问人家，怎么能一上来就做主观判断呢？

问题拆解

　　做得再好的面试准备、再专业的面试问题、再老练的面试专家，也无法保证面试时对候选人的判断达到 100% 准确。面试过程总会有误差，面试官要认识到可能存在的误差，查找自己在面试过程中出现过的误差，尽可能减少面试误差。

方法工具

工具介绍

面试的误差

在面试过程中，面试官的判断因为存在主观性，难免会出现一些误差，影响面试的效果。要应对面试中可能存在的误差，面试官首先要了解这些问题、正视这些问题，同时做好如下事项。

（1）尽量采取结构化或半结构化的面试流程和人才评价标准进行面试。

（2）利用岗位胜任力模型和特征，选择最符合岗位要求的候选人。

（3）不断学习、培养、练习和规范自己以及部门面试官的面试技能。

（4）根据不同岗位和不同类型候选人的特点，制定有针对性的人才评价方法。

面试常见的 5 个误差

面试官对候选人的面试可能会因为第一印象的好恶感而产生误差。面试官可能会通过候选人的外貌特征、行为举止等初步印象判断候选人是否适合岗位，而非根据候选人的能力。

首因效应

面试官对候选人某一个优势或劣势的判断，可能会影响对候选人整体的判断。如果候选人在某个方面特别突出和优秀，面试官可能会认为候选人整体都非常优秀，非常适合岗位。

晕轮效应

面试官往往会对那些和自己经历相似，年龄相仿，兴趣相投、籍贯、背景相同等的候选人产生好感，认为这类候选人非常优秀，从情感方面偏向于录用这类候选人。

相似误差

对比误差

面试官对候选人之间的对比可能出现偏差。如果有好几位非常优秀的候选人排在一起时，这时有位相对不那么优秀但也不差的候选人，容易被面试官认为比较差；反之亦然。

受知识和观念限制，面试官可能对某类人存在一些刻板印象。当面试官遇到这类候选人时，第一时间就会在心中将这类人划归为同一类。

刻板印象

应用解析

招聘人才质量评估

类别	😊 正面表现	☹ 负面表现
个人品质	品行端正、以身作则、责任心强、言行一致、坚持原则、具备团队精神和奉献精神等	言行不一、推卸责任、个人主义等
行为态度	爱岗敬业、顾全大局、遵纪守法、积极主动、勇于创新、勇于担当等	投机取巧、不按时打卡上班、消极怠工、无故离开工作岗位等
业务能力	精通业务、有领导力和执行力、有沟通协调能力、有逻辑思维能力、工作思路清晰、有学习能力和理解能力、有创新能力等	眼高手低、好高骛远、缺乏沟通能力、不思进取等
工作成效	实现部门价值、与其他部门密切配合、决策准确、合理分工等	只顾自己、不配合其他部门工作、无法按时保质保量地完成工作任务等

小贴士

　　上表中关于个人品质、行为态度、业务能力和工作成效方面的内容可以根据不同团队的情况划分成更细的维度。如果发现某时期、某企业、某部门或某团队管理者招聘人才的质量普遍较高，应当分析原因，总结经验，并向招聘质量较低的时期 / 公司 / 部门 / 团队管理者进行推广。当人才招聘质量普遍较低时，应查找和分析原因。

2.4　面试常用问题

在面试过程中，有 6 类常用的经典问题，分别是导入类问题、动机类问题、行为类问题、应变类问题、压力类问题和情境类问题。在一场面试中，这 6 类问题可以都用到，也可以视情况选择其中几种问题组合运用。

2.4.1 导入类问题概括识人

问题场景

1 我面试时经常发现很多候选人很紧张，这会不会影响这类人的面试发挥呢？

2 紧张是人之常情，确实有可能影响候选人的发挥。有的人才也许是适合岗位的，但会在面试环节过度紧张。

3 是啊，我发现很多人才工作很优秀，但在面试环节却表现得很紧张。

4 要缓解候选人的紧张情绪，拉近彼此的距离，可以在面试开始时问导入类问题。

6 导入类问题就是引导候选人尽快进入面试状态的问题。这类问题可以用来暖场，也可以全面了解人才。

5 什么是导入类问题？

问题拆解

面试开场往往要有破冰的环节，目的是拉近面试官和候选人的距离。这个环节可以缓解候选人的紧张情绪，帮助面试官和候选人调整到最佳状态。面试官和候选人可以在这个环节中比较全面地了解彼此。

方法工具

工具介绍

导入类问题

导入类问题包含两大作用。第一大作用是暖场，面试官可以通过导入类问题给面试过程建立起一个良好的氛围。通过问候选人一些简单的问题，逐渐切入面试话题，获取到候选人的基本信息。第二大作用是发现候选人的个性特征。有时，通过导入类问题的提问，也能在一定程度上了解到候选人的世界观、人生观和价值观。

常见的 5 种导入类问题

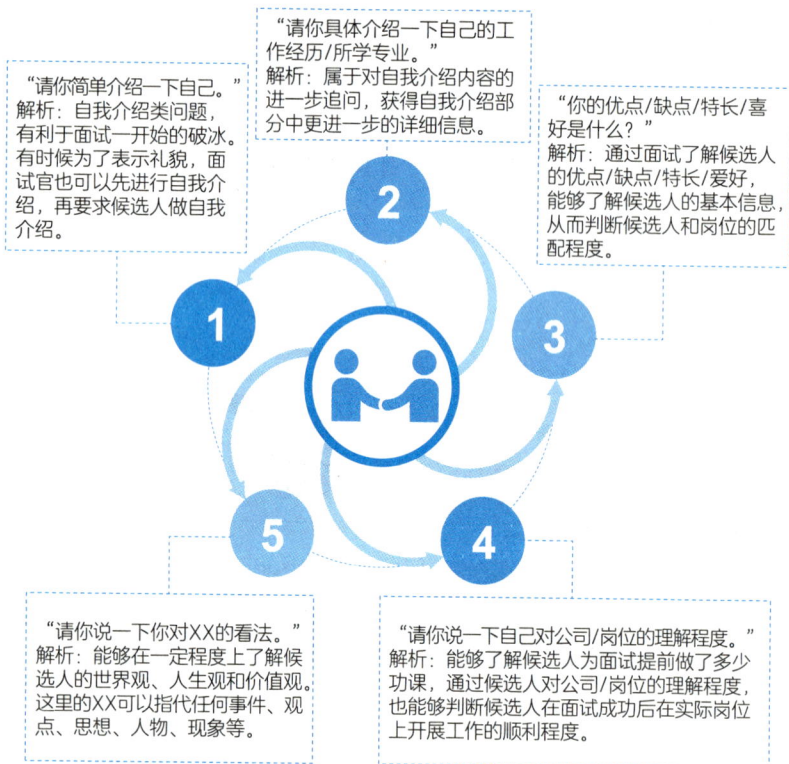

1
"请你简单介绍一下自己。"
解析：自我介绍类问题，有利于面试一开始的破冰。有时候为了表示礼貌，面试官也可以先进行自我介绍，再要求候选人做自我介绍。

2
"请你具体介绍一下自己的工作经历/所学专业。"
解析：属于对自我介绍内容的进一步追问，获得自我介绍部分中更进一步的详细信息。

3
"你的优点/缺点/特长/喜好是什么？"
解析：通过面试了解候选人的优点/缺点/特长/爱好，能够了解候选人的基本信息，从而判断候选人和岗位的匹配程度。

4
"请你说一下自己对公司/岗位的理解程度。"
解析：能够了解候选人为面试提前做了多少功课，通过候选人对公司/岗位的理解程度，也能够判断候选人在面试成功后在实际岗位上开展工作的顺利程度。

5
"请你说一下你对XX的看法。"
解析：能够在一定程度上了解候选人的世界观、人生观和价值观。这里的XX可以指代任何事件、观点、思想、人物、现象等。

应用解析

常见导入类问题举例

2 你认为自己和这个岗位适合吗？你为什么会这么想呢？你觉得自己和别人相比，有哪些不同之处/过人之处？

1 你的爱人/父亲/母亲/朋友/同学如何形容你？如果要找出1/2/3个关键词来描述自己，你会选择什么关键词？为什么？

3 如果给自己的性格打分，你会打多少分？为什么？你认为自己拥有什么样的个性？有哪些事件可以说明？

4 你如何看待"超级英雄拯救世界"和"团队协作完成任务"这两种观点？你如何看待"懂了这么多道理，却依然过不好这一生"这种思想？

6 你最喜欢/最不喜欢和什么样的人打交道？最喜欢/最不喜欢他们的哪一点？请你描述一下这个岗位能够为公司创造哪些价值。

5 如果你从事这个岗位，能够做出哪些别人做不到的贡献呢？你觉得自己在哪些方面和这个岗位是匹配的/不匹配的？

小贴士

面试是一个双向选择的过程，并不是组织单向面试和选择候选人，候选人也在面试和选择组织。实施导入类问题时，面试官要注意礼貌和礼仪，要营造和谐的面试氛围，不要给候选人一种高高在上的感觉，要给候选人留下好印象。

2.4.2 动机类问题发现意愿

🔒 问题场景

1 有些人才入职后不久就自己选择离开了，这给我们造成了不小的困扰。

2 这种情况有时候可以在面试环节看出端倪，提前避免。

3 啊？是吗？如果能提前预知就太好了，可以有效节省我们的时间。如何才能提前发现呢？

4 可以问候选人动机类问题，提前预知候选人可能的职业发展动向。

5 什么是动机类问题？

6 动机类问题就是判断候选人选择该岗位的目的或意愿的问题。

问题拆解

每个人有自己不同的就业动机和职业偏好。面试时，通过动机类问题能够察觉到候选人的动机和偏好，预判候选人入职后对待职业的态度和可能做出的职业选择，从而提前做出决策，增强团队的稳定性。

方法工具

工具介绍

动机类问题

动机类问题是要了解候选人的职业价值观、职业性格特质、职业发展规划等方面的问题。这类问题的主要目的是判断候选人的职业价值观、职业性格、职业目标和规划与岗位是否匹配，和团队文化是否匹配；组织能给员工提供的职业发展平台是否和员工未来的期望匹配。通过动机类问题，面试官也能够侧面判断候选人的职业稳定性。

常见的 4 种动机类问题

"你最喜欢/最讨厌的职业是什么？为什么？"
解析：了解候选人内心对职业的期望。如果当前岗位与候选人内心期望从事的岗位相匹配，则候选人的工作动机会更强。

"你为什么要选择离开之前的公司/岗位？"
解析：了解候选人离职的原因能够判断出候选人入职后的职业稳定性。如果候选人离职的原因当前岗位也存在，那么候选人入职后很可能稳定性会比较差。

"你如何看待创业问题？你为什么没有选择创业？"
解析：了解候选人对职业和事业的思考，获知候选人未来创业的可能性。候选人希望创业并不一定是坏事，团队有时候可以接受候选人有创业的想法。

"在未来的3/5/10年中，你准备做什么？你想成为谁？"
解析：了解候选人内心对自己的定位和理想。人都有为理想而行动的动机，候选人对自己的定位和理想决定了候选人可能的职业走向。

应用解析

动机类问题举例

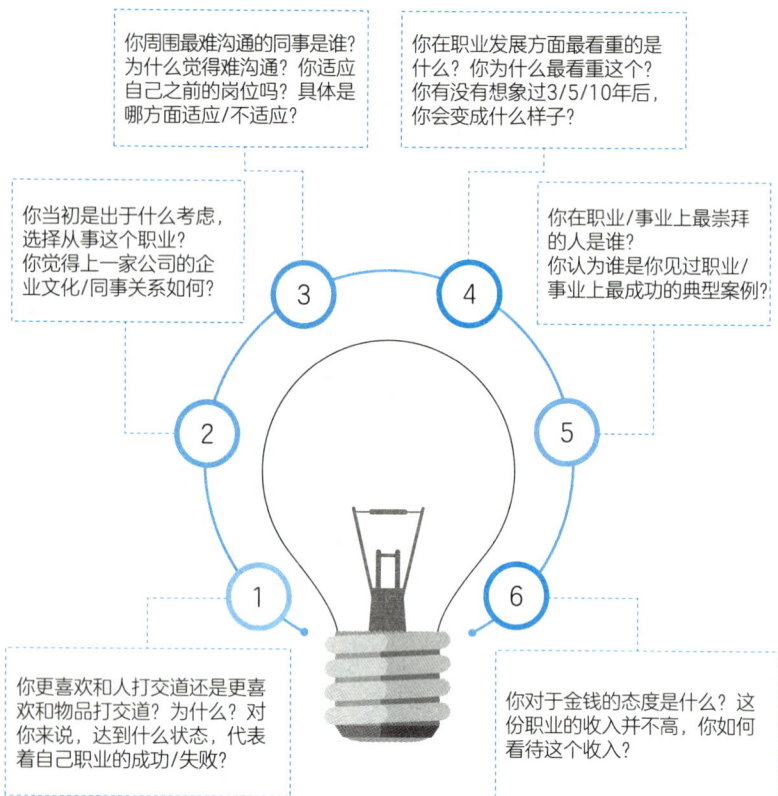

你周围最难沟通的同事是谁？为什么觉得难沟通？你适应自己之前的岗位吗？具体是哪方面适应/不适应？

你在职业发展方面最看重的是什么？你为什么最看重这个？你有没有想象过3/5/10年后，你会变成什么样子？

你当初是出于什么考虑，选择从事这个职业？你觉得上一家公司的企业文化/同事关系如何？

你在职业/事业上最崇拜的人是谁？你认为谁是你见过职业/事业上最成功的典型案例？

③ ④ ② ⑤ ① ⑥

你更喜欢和人打交道还是更喜欢和物品打交道？为什么？对你来说，达到什么状态，代表着自己职业的成功/失败？

你对于金钱的态度是什么？这份职业的收入并不高，你如何看待这个收入？

小贴士

面试官在问动机类问题时要注意，并不是候选人对个人发展或职业规划的愿景越远大、越宏伟越好，而应当根据招聘岗位的要求来判断候选人和岗位之间的匹配程度。有的岗位需要候选人有目标和规划，有的岗位对有目标和规划的候选人可能反而不合适，应具体情况具体分析。

2.4.3 行为类问题认知能力

问题场景

1 面试时除了判断候选人的职业倾向外，我也很想知道候选人实际从事工作时有多大概率能把工作做好。

2 这个可以通过问行为类问题来判断。

3 什么是行为类问题？

4 通过候选人过去做的事，来判断候选人的能力，从而判断候选人未来能做的事。

5 人们过去的行为能代表未来的行为吗？

6 可以的，因为人的行为模式和思维模式通常并不是那么容易变化的。

问题拆解

人们以往的工作表现预示着其未来的工作表现。通过了解候选人过去的工作表现情况，进而了解候选人的行为特质、工作能力水平，以及分析问题、处理问题的综合能力，据此判断候选人和岗位之间的契合程度。

方法工具

工具介绍

行为类问题

行为类的问题是通过挖掘候选人曾经的工作能力或经验，判断候选人与岗位的匹配程度。面试官通过候选人学习过的知识和技能、做出过的工作成果、有过的工作经验，可以判断候选人未来可能具备的工作能力，以及未来可能会产生的工作成果。

常见的 5 种行为类问题

1 "请谈一下你最近一次的XX经历。"
解析：了解候选人的做事风格和方法，据此判断候选人的工作能力。在问这类问题的时候，可以选择相对比较负面的状况提问，判断候选人出现负面情况的原因并了解其应对措施。

2

3 "面对多项复杂的工作任务，你如何做工作安排？"
解析：了解候选人的工作技巧，通过了解候选人在复杂环境下的工作表现，判断候选人工作能力。这类问题也可以进一步延伸到与岗位实际工作内容相关的更多具体工作技巧。

1 "你最大的成就/失败是什么？"
解析：了解候选人曾经职业生涯中比较极端的情况，通过了解候选人在这些比较极端情况下的表现，判断候选人在未来工作中可能会展现出的行为表现。

4 "你对XX知识的掌握情况如何？请举例说明。"
解析：了解候选人对某些知识的掌握情况，判断候选人掌握的专业知识，以及知识转化成的能力是否达到岗位要求。这里的XX知识可以是任何与岗位相关的知识。

5 "你和上级/同事/下级最激烈的争吵/冲突是什么？"
解析：了解候选人在曾经工作中的人际关系处理能力，尤其是候选人如何对待和处理冲突。称心如意的正常状况绝大多数人都能适应，很难看出候选人之间的差异，对异常状况的应对处理情况反而能够看出候选人之间的能力差距。

应用解析

行为类问题举例

你最成功/最失败的项目是什么？原因是什么？
你曾经做过什么事情让你印象最深刻，久久不能忘怀？为什么？

你曾经做过最让别人讨厌的事情是什么？你后来又做了什么？
请谈一下你最近一次的创新经历。这项创新创造了哪些价值？

请谈一下你最近一次对人看走眼的经历。你之后是如何做的？
如果上级给你安排的工作量已经超出你能承受的范围，你会怎么办？

你在做出重大决策之前，都是如何做的？请举例说明。
面对工作中的双重领导给你安排的相反的任务，你会如何应对？

你如何与不喜欢的上级/同事相处？
如果你周围的同事传你的闲话，你会怎么做？

小贴士

　　为防止候选人在面试过程中说谎，在询问行为类问题时，应注意询问候选人过去的行为，发掘候选人行为背后的具体细节。面试官应多问开放式的问题，少问封闭式的问题。所谓开放式的问题，就是"为什么"或"是什么"的问题。所谓封闭式的问题，就是"对不对""好不好""行不行"之类的选择型问题。

2.4.4　应变类问题测试反应

🔒 **问题场景**

① 我们有时候需要一些头脑灵活的人才，可招了不少人都达不到要求。

② 这种人才需求其实可以在面试环节通过提问的形式发现。

③ 如何发现呢？

④ 可以通过问候选人应变类问题发现。

⑤ 应变类问题是什么样的？

⑥ 就是了解候选人的反应速度，以及应变能力的问题。

问题拆解

　　员工处理突发事件的能力可以在面试环节通过提问的方式来评价获取。这里可以提出的问题是应变类问题，主要是考察候选人对各类两难境地、突发事件、解密难题、异常状况等情况的处理能力。

方法工具

工具介绍

应变类问题

应变类问题是提出一些需要临场发挥的问题或有一定难度的两难问题，让候选人回答。这类问题是为了考察候选人的反应速度、应变能力、逻辑思维能力、分析能力、想象力以及解决棘手问题的能力。应变类问题有时候也会以一种智力类问题的形式出现。很多著名公司都偏向于在面试中设置应变类问题。

典型的 3 种应变类问题

"请你试着把桌子上的这瓶水卖给我。"
解析：临场发挥类问题，考察候选人的反应速度、应变能力等。这类问题要求候选人在短时间内，想出一个比较困难问题的解决方案。通过不同候选人对这类问题的回答，能够辨别出他们的应变能力孰强孰弱。

1

2

3

"有个长方形蛋糕，切掉了其中的一块（大小和位置随意的一块），如何用一刀，保证能将剩余的蛋糕切成大小相等的2块？"
解析：智力类问题，考察候选人的智商、逻辑推理能力和解决智力类难题的能力。这类问题也可以运用于笔试环节。

"当你妈和你老婆同时掉到河里了，你会先救谁？"
解析：两难类的问题，这类问题通常没有标准答案，看候选人逻辑是否清晰、能否自圆其说。这类问题的主要目的是考察候选人思维的逻辑性、缜密性以及面对难题时表现出来的应变能力。有时候通过候选人对这类问题的回答，也能够看出候选人的世界观、人生观、价值观和道德认知。

应用解析

应变类问题举例

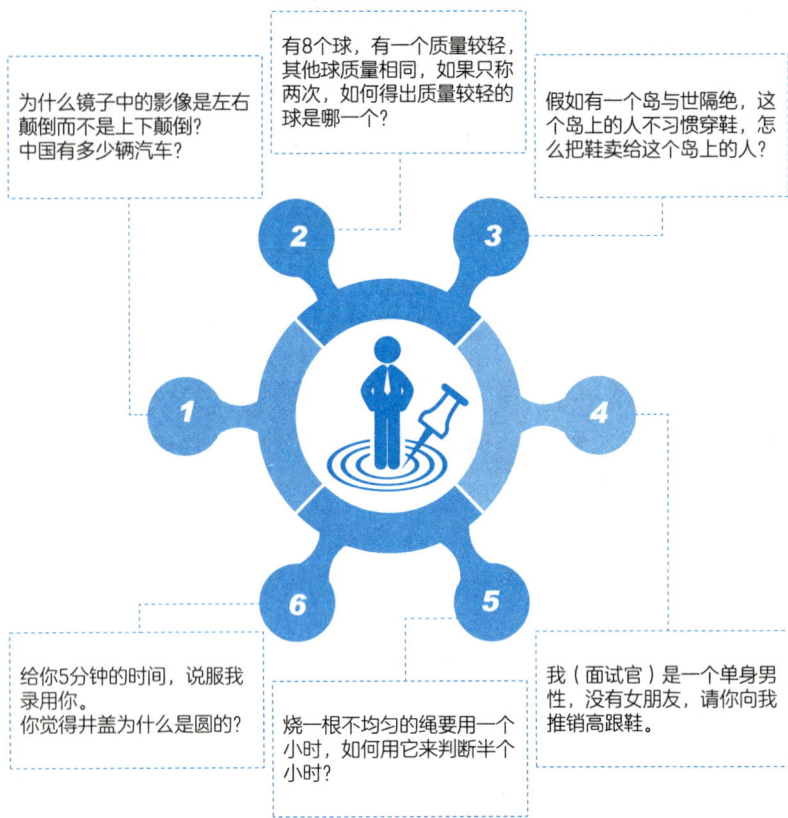

为什么镜子中的影像是左右颠倒而不是上下颠倒？
中国有多少辆汽车？

有8个球，有一个质量较轻，其他球质量相同，如果只称两次，如何得出质量较轻的球是哪一个？

假如有一个岛与世隔绝，这个岛上的人不习惯穿鞋，怎么把鞋卖给这个岛上的人？

给你5分钟的时间，说服我录用你。
你觉得井盖为什么是圆的？

烧一根不均匀的绳要用一个小时，如何用它来判断半个小时？

我（面试官）是一个单身男性，没有女朋友，请你向我推销高跟鞋。

小贴士

面试官问的应变类问题本身不一定要和岗位有必然的关联性，问题可以尽量发散。但要注意，应变类问题虽然可以追求新奇，但不要过于天马行空，原则是要在意料之外，但是在情理之中。应变类问题的本质是要考察候选人，而不是为难候选人。

2.4.5 压力类问题应对挑战

问题场景

1 我们团队有些部门的工作压力比较大，很多人入职不久后因为承受不了压力离职了。

2 这说明员工的抗压能力不足。抗压能力可以培养，但如果能在面试环节识别出来的话更好。

3 如何在面试环节识别出人才的抗压能力呢？

4 可以在面试时问压力类问题。

5 什么是压力类问题？

6 顾名思义，就是给人带来压力的问题，以了解候选人在面临压力时的表现，同时能看出候选人的沟通能力和抗压能力。

问题拆解

　　有的岗位需要人才有一定的抗压能力，否则人才无法适应岗位。人才的抗压能力可以在面试环节被识别出来。在面试环节问候选人一些有挑战性的压力类问题，能够看出候选人未来应对工作中压力的可能表现。

方法工具

工具介绍

压力类问题

压力类问题是面试官通过故意制造一种紧张的氛围，提出一些看起来比较生硬的、不太礼貌的问题，让候选人感觉到不舒服；或者针对同一件事，进行一连串的发问，直到候选人开始很难回答。

提压力类问题的主要目的是考察候选人的心理素质、承受压力的能力、在压力面前的变通能力以及沟通能力。有的候选人的气势比较强，这时面试官也可以用这一类问题来平衡气场。

4 种典型的压力类问题

1 "从你刚才的面试表现来看，你被录用的可能性很小，你觉得呢？"
解析：通过制造候选人和岗位要求不相符，可能得不到岗位的紧张氛围，观察候选人的反应。压力承受能力比较强的候选人往往能够表现得相对比较沉着冷静。压力承受能力比较差的候选人往往会表现出慌乱、紧张、愤怒、失落、厌恶等负面情绪。

2 "如果应聘成功，你打算在我们公司工作多久？"
解析：攻击型问题，通过正常对话中较少会出现的、带有些许冒犯性的语言，或者有策略地加入一些主观判断，观察候选人如何应对。压力承受能力较弱的候选人面对攻击型问题时往往会表现出尴尬、惊讶、恍惚或者同样的攻击性。

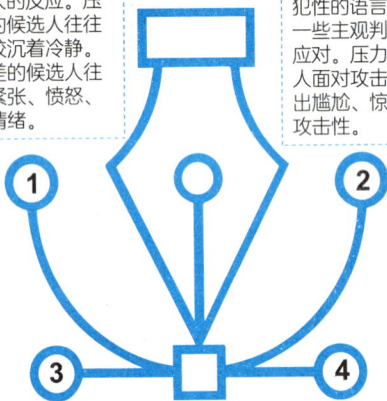

3 "这个岗位上岗之后会遇到 XX 困难，你准备怎么办？"
解析：困难类问题，通过描述或适度放大岗位的工作困难，看候选人面对困难的做事方法。承受压力较差的候选人面对这类问题时往往会表现得手足无措、不知所云，这类问题往往会根据岗位的实际情况提出。

4 "你最近还面试过哪些工作？结果怎么样？"
解析：通过询问候选人近期的面试情况，了解其求职状况，进而判断其接受某岗位的可能性及其职业态度。候选人往往不希望别人知道其求职状况，直接询问这类问题，可以给候选人一定的压力，从而观察其面对压力时的具体表现。

应用解析

压力类问题举例

1
你在原来岗位上工作了7年,你如何保证自己能适应我们公司的工作环境呢?
你之前从来没做过相关工作,我怎么能相信你来公司之后能做出业绩呢?

3
看你之前的经历,离职比较频繁,我怎么能相信在得到这份工作后你能踏实稳定呢?
从你的简历和刚才的描述来看,你似乎并不适合这份工作,你认为呢?

5
XX公司为什么没有录用你?
除了现在这场面试之外,你近期还准备参加哪些面试?

2
请告诉我,还有这么多优秀的人在和你竞争这个岗位,我为什么要录用你呢?
听完你对原来工作情况的描述,我觉得你之前没做出什么业绩,我的判断对吗?

4
你之前离职的原因我们公司也存在,你入职后可能很快也会离职,你怎么想?
聊到这里,我对你有个主观判断——你的野心似乎大于你的能力,你觉得呢?

小贴士

在运用压力类问题时要注意,给候选人压力是考察手段,而不是目的。面试官不能因为给对方压力,结果让整场面试最终以候选人对公司心生反感而结束。即使候选人心理承受能力较差,最后败在了压力类问题上,面试官在面试最后也要给候选人完美的收场,把之前给出去的压力通过收场补救回来。

2.4.6　情境类问题模拟测试

问题场景

1　我觉得面试时的提问不能真正看出人才解决问题的能力。

2　如果面试提出的问题没有贴近工作实际的话，确实如此。

3　看起来面试过程中要多提一些与实际工作相关的问题，这样才能更真实地了解候选人的能力。

4　是的，我们可以多问一些情境类问题。

5　什么是情境类问题？

6　就是根据实际情况设置一个情境，要求候选人回答如何解决实际问题。

问题拆解

　　面试问题可以与实际工作有较强的关联度。要准确了解候选人解决实际问题的能力，可以通过情境类问题，给候选人创造一个虚拟的环境，通过在这个环境中候选人的行为，判断候选人实际工作中可能出现的行为。

方法工具

工具介绍

情境类问题

　　情境类问题是假设一种在岗位实际工作中会发生的情景，要求候选人在模拟环境中处理相应的问题。通过候选人对情境类问题的回答，面试官可以对候选人做出知识、经验、思维、观念、态度、习惯等方面综合评价。

　　这类问题主要是考察候选人分析和解决实际问题的能力，看候选人是否具备处理具体问题的方法和技巧，看候选人处理问题的方式是否符合团队的实际情况，是否符合团队文化，是否能够被团队接受。

典型的 4 种情境类问题

"假如让你做财务经理这个岗位，你将会如何开展工作？"
解析：考察候选人行动能力的问题，通过假设候选人上岗后的情况，判断候选人实际上岗后准备实施的行为是否符合企业的预期。

"假如让你做你上级的岗位，你会做出哪些改变？为什么？"
解析：情境延伸类问题，在当前岗位工作的基础上略有延伸，观察候选人对岗位工作协同性的理解和全局意识。

"当发生XX情况的时候，你会这么办？"
解析：突发状况处理类问题，考察候选人面对突发的具体场景，会采取何种应对方法。

"假如你上岗之后，遇到XX问题，工作难以开展，你会怎么办？"
解析：困难情境类问题，通过给候选人设置困难的情境，观察候选人如何解决困难。

应用解析

情境类问题举例

假如你的上级出差上飞机之前给你发了一条信息，要求你完成某个报告，之后要飞行10个小时，他下飞机后马上就要用这份报告。上飞机后，他就关闭手机了。你看到信息后不理解这个报告应该怎么写，但是又联系不上他。这时候，你会怎么办？

假如你是销售部门的负责人，早晨到办公室的时候，发现两名平时就有矛盾的下属为了争抢一个客户扭打在一起。他们都说是自己先开发的客户，是对方抢了自己的客户，这时候你会怎么办？

1

2

3

4

假如你是店长，发现一个顾客破口大骂一个服务员，你了解情况后发现，服务员并没有过错，是顾客的要求有些无理，这时候你会怎么办？

假如你是分管技术部门的负责人，你发现技术部门的人大多守着自己手里的技术不愿意与别人分享，生怕别人学会，这不仅不利于部门团结，而且对公司的技术成果保留不利，这种情况你会怎么办？

小贴士

情境类问题中用到的案例最好是当前企业中真实发生的问题，或者实际出现过的类似情况，而不要是一些没有意义的、假大空的想象场景。因为那样最后面试官考察的可能只是候选人的想象力，而不是真实解决问题的能力。

03

科学测评人才

本章背景

1 我之前遇到过不少人才素质很高，面试时我们很满意，但入职后因为个性与岗位不适合而离职的情况。

2 可以在面试中增加人才测评的环节，根据员工的性格特征给员工安排岗位。

3 人才测评主要是测评什么呢？

4 主要是测评人才的性格特质和职业风格偏向。

5 这种测评是不是需要专业的测试题呢？

6 可以用测试题，也可以在面试时设置相关环节来观察，例如通过无领导小组讨论的形式获取。

背景介绍

　　人才测评是识别和选拔人才的重要环节。实务中，团队管理者常用的人才测评方法包括性格测评和职业风格测评。人才测评不仅有助于选拔外部人才，还有助于识别出内部人才的情况并有针对性地做出调整。除了通过测试题做人才测评外，通过无领导小组讨论也能够获取人才的情况。

3.1 性格特质测评

每个人都有自己独特的性格，但很多人的性格又具备一定的相似性，所以可以被归类。不同性格特质决定了不同的人才适合不同的岗位。实务中常用的性格特质测评工具种类包括 DISC 职业性格测试、PDP 职业性格测试、MBTI 职业性格测试。

3.1.1 DISC 职业性格测试

问题场景

1 性格特质这个我懂，主要就是分成外向型和内向型呗。

2 外向型和内向型是对人才最基础的划分，咱们实务中只用这两种分类可不够。

3 那还可以如何划分呢？

4 你有没有发现有些人更喜欢和人打交道，有些人则更喜欢和事打交道？

5 确实如此，这有什么用呢？

6 把这个特质与内向和外向结合在一起，就能形成一个四宫格，将人的性格划分成4类。

问题拆解

外向和内向是日常生活中最常见的性格特质划分方法，但这种简单的二分法还不够细致，不能满足管理实务中的需要。除了外向和内向之外，还可以根据更关注人或是更关注事，把人的性格特质分成 4 类。

方法工具

工具介绍

DISC 职业性格测试

DISC 职业性格测试是由美国心理学家威廉·莫尔顿·马斯顿博士（Dr. William Moulton Marston）在 1928 年提出的。由于 DISC 工具能给出比较确定的人格分类，同时又能对每种人格的特征、团队价值、所适宜的工作环境给出详细说明，因此在企业界颇受欢迎。很多世界 500 强企业用的人格测评工具就是 DISC 职业性格测试。

DISC 职业性格测试把人格分为支配 / 老板型（dominance）、影响 / 互动型（influence）、稳健 / 支持型（steadiness）与谨慎 / 修正型（compliance）4 大类。DISC 的名字，来源于这 4 种职业性格英文单词的首字母。

DISC 职业性格分类

外向 主动
快速 直接

支配/老板型
dominance

发号施令者
问题为主/需掌握状况

自尊心极强
● 希望：改变
● 驱力：实际成果
● 面对压力时可能会：粗鲁、没耐心
● 希望别人：回答直接、拿出成果
● 害怕：被别人利用

影响/互动型
influence

口才好
喜交际者/以人为主/追求互助

乐观且情绪化
● 希望：认同、友好关系
● 驱力：社会认同
● 面对压力时可能会：杂乱无章、口出恶言
● 希望别人：讲优先级、讲信用、给予声望
● 害怕：失去社会认同

目标任务 / 理性 / 制约 ← → 人际关系 / 感性 / 开放

谨慎/修正型
compliance

善分析/重思考
以程序为主/追求限制

高标准、完美主义者
● 希望：精准有逻辑的方法
● 驱力：把事做好
● 面对压力时可能会：慢半拍、退缩
● 希望别人：提供完整说明及详细资料
● 害怕：被批评

稳健/支持型
steadiness

设身处地
以步骤为主/追求一致性

坚守信念、容易预测、话不多
● 希望：固定不变、诚心感谢、多些考虑
● 驱力：固有原则
● 面对压力时可能会：犹豫不决、唯命是从
● 希望：别人提出保证且尽量不改变
● 害怕：失去保障

内向 间接
保守 慢速

应用解析

DISC 职业性格应用

优点：务实，讲究效率，行动力和执行力强，目标明确，以解决问题为导向开展工作；就算遇到负面声音，也不容易让任务受影响。
缺点：可能过于重视结果，忽略情感交流，缺乏共情感和同情心；可能过于控制别人，盲目自信；可能没耐心，霸道，粗鲁。

优点：情感比较丰富，情绪外显，喜欢交朋友，常常能成为群体中的焦点；经常有好想法，思维活跃，充满热情，号召力强，表达力强，懂得关爱和鼓励他人。
缺点：可能夸张，说大话；可能说得多，做得少；可能情绪不稳；可能逻辑性差，靠情怀做事；可能不专一，半途而废。

| 支配/老板型 dominance | 影响/互动型 influence |
| 谨慎/修正型 compliance | 稳健/支持型 steadiness |

优点：性格沉稳，善于思考分析，严肃，注意细节；讲究逻辑性，强调规则和逻辑，做事严谨，善始善终，追求完美，对自己高标准严要求。
缺点：可能过于敏感，过于理想主义，有不安全感；可能性格内向，优柔寡断，不愿沟通；可能无法容忍缺点；可能过于重视分析，忽略解决实际问题。

优点：比较温和，乐于倾听，随遇而安，持之以恒；平易近人，和蔼可亲，比较容易相处，甘当绿叶，愿意付出，能够持之以恒地从事某项工作。
缺点：可能缺乏热情，没有激情；做事被动，行动较慢，甚至懒惰；可能不求有功，但求无过，得过且过，不愿承担风险，不愿承担责任；可能不愿主动沟通。

小贴士

在应用 DISC 职业性格测试时需注意，很少有人的性格是单一的，大多数人的性格是复合型的，例如 DI 型，指的是 D 型性格为主导，其次是 I 型性格；CSI 型，指的是 C 型性格为主导，其次是 S 型性格，再次是 I 型性格。在复合型性格中，有外显性强的性格特质，也有外显性弱的性格特质。

3.1.2　PDP 职业性格测试

问题场景

1 我觉得有一种人的性格是介于 DISC 4种性格之间的，好像每种性格特质都占一点，但都不是很明显。

2 确实有这样的人，这种人没有明显的性格特质，会根据环境和情况调整自身性格。

3 这种人属于哪种性格类型呢？

4 这种人属于PDP职业性格测试中的"变色龙"型性格。

5 PDP职业性格测试？这也是一种性格测试方法吗？

6 是的，PDP职业性格测试把性格特质按5种动物名字划分，动物的特性对应着性格特征，所以很容易被非专业人士理解和记忆。

问题拆解

　　DISC 职业性格测试把人的性格特质分成 4 种，与之类似的有 PDP 职业性格测试。PDP 是将人的性格特质分成 5 种。PDP 职业性格测试中有 4 种性格特质和 DISC 职业性格测试中的 4 种性格特质极为类似，多出来的一种，是综合了 4 种性格特质的折中型。实务中，PDP 比 DISC 更容易理解、记忆和推广。

方法工具

工具介绍

PDP 职业性格测试

PDP 职业性格测试的全称为 professional dyna-metric programs，是由美国南加州大学统计学研究所、英国 RtCatch 行为科学研究所共同发明。它可以测量人的基本行为、对环境的反应和可预测的行为模式。

全球已经有累积 1 600 万人次有效的案例，超过 5 000 家企业、研究机构和政府部门持续追踪其有效性。经研究机构的调查表明，当 PDP 测试的所有程序被有效执行时，其误差率低于 4%。

PDP 职业性格测试把人的性格特质分为"老虎型""孔雀型""猫头鹰型""考拉型""变色龙型"5 种类型。

PDP 职业性格测试

外向、主动、追求高效

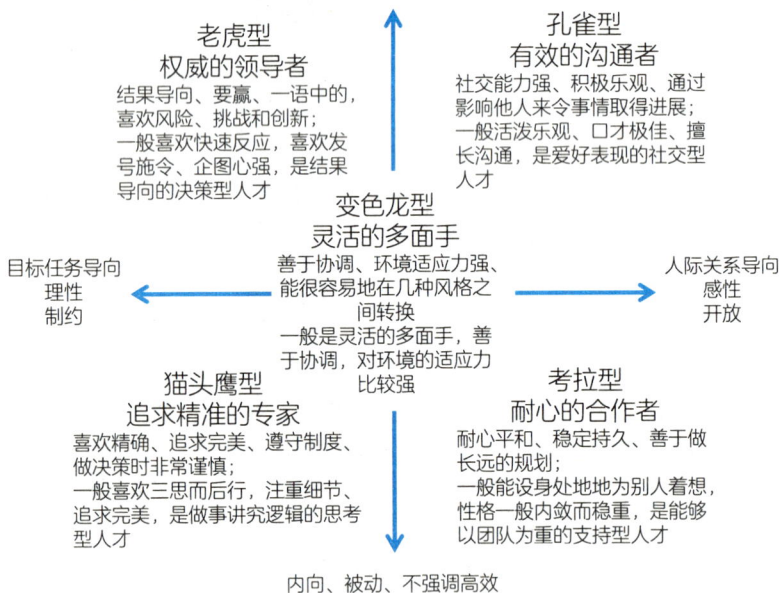

老虎型
权威的领导者
结果导向、要赢、一语中的，喜欢风险、挑战和创新；
一般喜欢快速反应，喜欢发号施令、企图心强，是结果导向的决策型人才

孔雀型
有效的沟通者
社交能力强、积极乐观、通过影响他人来令事情取得进展；
一般活泼乐观、口才极佳、擅长沟通，是爱好表现的社交型人才

变色龙型
灵活的多面手
善于协调、环境适应力强、能很容易地在几种风格之间转换
一般是灵活的多面手，善于协调，对环境的适应力比较强

目标任务导向
理性
制约

人际关系导向
感性
开放

猫头鹰型
追求精准的专家
喜欢精确、追求完美、遵守制度、做决策时非常谨慎；
一般喜欢三思而后行，注重细节、追求完美，是做事讲究逻辑的思考型人才

考拉型
耐心的合作者
耐心平和、稳定持久、善于做长远的规划；
一般能设身处地为别人着想，性格一般内敛而稳重，是能够以团队为重的支持型人才

内向、被动、不强调高效

应用解析

PDP 职业性格测试应用

对待老虎型人才，目标要明确。沟通要直接主动，开诚布公，直接说观点。对这类人才的激励点要选准，要有挑战、有授权，有一定的物质奖励。设定目标时可以有一定难度，工作内容可以相对丰富一些。

猫头鹰型人才和人交往很看重人品，具备真诚和责任心的人会得到他们的欣赏。对待猫头鹰型人才要做到精确性和有规划，和他们最好用事实或者数据说话。

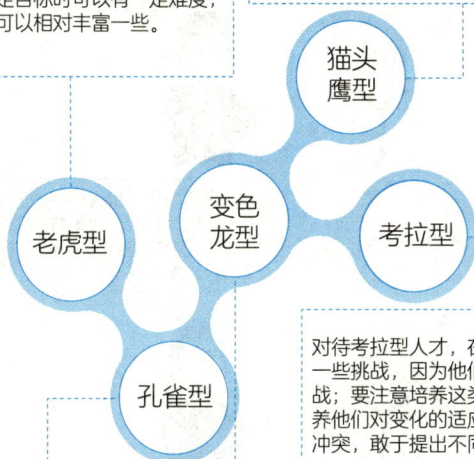

猫头鹰型

变色龙型

老虎型

考拉型

对待考拉型人才，在工作上可以少给他们一些挑战，因为他们喜欢平稳、不喜欢挑战；要注意培养这类人才的应变能力，培养他们对变化的适应能力；鼓励他们面对冲突，敢于提出不同的意见。

孔雀型

和孔雀型人才相处时，要明确表示出认可和赞美。对待孔雀型人才，要引导其落实行动方案。孔雀型人才一般创意很多，新鲜的点子很多。孔雀型人才不能接受别人对他们的忽视，不能忍受被排除在外的感觉。

变色龙型人才非常灵活，要认可他们的灵活是一种特质，可以作为优势，而不仅仅是被别人称为墙头草的劣势；要帮助他们在复杂环境中学会分清主次和优先顺序；要鼓励和培养他们的判断力。

小贴士

可能有人一听"变色龙"这个词，觉得这种性格是不好的，或认为变色龙不适合与其他人搭档。其实变色龙型性格的人是非常好的多面手。他们适合与任意一种性格特质的人搭配，能够充分融入各种新环境、新文化，且适应性好，凡事不执着，韧性极强，懂得凡事看情况、看场合，适合从事各类岗位。

3.1.3　MBTI 职业性格测试

🔒 问题场景

① 只将人才的性格特质分成4种或5种，我总觉得这样分类好像有点少。

② 确实，人的性格还可以有更复杂细致的分类方式。

③ 还可以怎么分呢？

④ 例如，根据人们在动力来源、信息获取、决策方式和生活方式4个维度上的不同，将每个维度分成两种不同的方向，可以把性格特质分成16种。

⑤ 哇，果然可以分得更多，这种分类方法叫什么？

⑥ 这种分类方法叫MBTI职业性格测试。

问题拆解

　　DISC 职业性格测试和 PDP 职业性格测试都是管理实务中比较简单易懂的性格特质测评和分类方法，相对容易记忆和应用。除此之外，还有更专业，性格特质分类更多的测评方法，管理实务中比较常见的是 MBTI 职业性格测试。

方法工具

工具介绍

MBTI 职业性格测试

MBTI 职业性格测试（myers-briggs type indicator）是美国心理学家凯恩琳·布里格斯（Katherine Briggs）和她的女儿伊莎贝尔·布里格斯·迈尔斯（Isabel Briggs-Myers）在瑞士心理学家卡尔·荣格（Carl Jung）划分的 8 种性格类型的基础上制定的。

MBTI 职业性格测试的性格特质分类根据人们在动力来源、信息获取、决策方式和生活方式 4 个维度上的不同，将每个维度分成两种不同的方向，分别是：外倾（E）—内倾（I）；感觉（S）—直觉（N）；思维（T）—情感（F）；判断（J）—理解（P）。通过对不同维度上性格类别的关键的分析判断，对不同性格的人员进行区分。

MBTI 职业性格测试分类

性格维度	类型	英文缩写	特点	类型	英文缩写	特点
动力来源	外倾	E	行动先于思考 说的多于听的 喜欢广度，不喜欢深度 与他人相处时精力充沛	内倾	I	思考先于行动 听的比说的多 喜欢深度，不喜欢广度 独处时精力充沛
信息获取	感觉	S	重视现实性和常规性 着眼于当下 喜欢深度，不喜欢广度 对概念和理论不感兴趣	直觉	N	重视可能性和独创性 着眼于未来 喜欢广度，不喜欢深度 对概念和理论感兴趣
决策方式	思维	T	认为直接比圆滑更重要 希望获得成就 看到缺点，倾向于批评 重视逻辑和规则	情感	F	认为圆滑比直接更重要 希望被人欣赏 惯于迎合，维护人际关系 重视情感
生活方式	判断	J	重视工作 看重结果 计划结束时满足感最强 时间观念强	理解	P	重视享乐 看重过程 计划开始时满足感最强 时间观念弱

应用解析

MBTI 职业性格测试中 16 种不同的人格类型

SJ 教条型 护卫者		NF 友善型 理想主义者	
ISTJ inspector 稽查员/检查者 适合需要详尽、精确、系统、勤劳、关注细节的职业	ISFJ protector 保护者 适合需要仁慈、忠诚、体谅他人、善良、乐于助人的职业	INFJ counselor 咨询师/劝告者 适合需要自信、具有同情心、有洞察力、有影响力的职业	INFP healer/tutor 治疗师/导师 适合需要开放、灵活、理想主义、具有洞察力的职业
ESTJ supervisor 督导/监督者 适合需要理智、善于分析、果断、意志坚定的职业	ESFJ provider/seller 供给者/销售员 适合需要乐于助人、机智、富有同情心、注重秩序的职业	ENFJ teacher 教师/教导者 适合需要理解、宽容、赞赏他人、善于沟通的职业	ENFP champion 倡导者/激发者 适合需要热情、富有洞察力、创新性、多才多艺的职业
ISTP operator 操作者/演奏者 适合需要注重实用性、尊重事实、寻求有利方法、具有现实性的职业	ISFP composer/artist 作曲家/艺术家 适合需要温和、体贴、灵活、具有开放性的职业	INTJ mastermind 智多星/科学家 适合需要独立、个性化、专一性、果断性的职业	INTP architect 建筑师/设计师 适合需要注重合理性、喜欢理论和抽象的事物、好奇心重的职业
ESTP promotor 发起者/创业者 适合需要行为定向型、讲究实效、足智多谋、注重现实的职业	ESFP performer 表演者/示范者 适合需要友好、开朗、活泼、善交友的职业	ENTJ field marshall 统帅/调度者 适合需要具有逻辑性、组织性、客观性、果断性的职业	ENTP invertor 发明家 适合需要具备创新思维、战略眼光、多才多艺、分析型思维的职业
SP 探索型 艺术创造者		NT 坚定型 理性者	

小贴士

　　MBTI 职业性格测试的结果可以应用于人才选拔、人才任用、职业发展、团队建设等各方面。当需要判断某类性格特质是否适合某类职业时，可以参考上表不同性格特质适合职业的典型特点，找到适合的职业。

3.2 职业风格测试

职业风格展现了人的内在动机。动机指的是个体活动的内在心理过程或内部动力，是人类行为的基础。动力会让人产生一种内在的驱动力，使人们自发朝着所期望的目标前进。因为人的个性、价值观、经历等的不同，对同一事物的动机就有所不同。通过职业风格测试，团队管理者可以发现员工的职业偏好和行为偏好，从而帮助员工做出职业和行为上的最佳决策。

3.2.1　霍兰德职业兴趣测试

🔒 **问题场景**

1 我团队里经常出现员工在A岗位做得不错，到了B岗位却做不好的情况。

2 你有没有问过员工是什么原因呢？

3 我一开始以为是员工情绪上不接受，后来发现多数情况是员工的性格与岗位不匹配。

4 性格确实会影响岗位选择，有的员工性格更适合做A岗位，有的员工性格更适合做B岗位。

5 我如何判断员工更适合做哪个岗位呢？

6 可以用霍兰德人格与职业兴趣测试。

问题拆解

　　员工对工作的满意度、敬业度、流动倾向性与人格特点和职业匹配度的相关度比较高。当人格和职业相匹配时，就算薪酬待遇比较低、工作环境比较差、工作发展空间没那么好，员工也可能会产生比较高的满意度、敬业度和比较低的流动率。

方法工具

工具介绍

霍兰德人格与职业兴趣测试

霍兰德人格与职业兴趣测试理论最早是由美国著名的心理学教授、职业指导专家约翰·霍兰德（John Holland）编制的。

霍兰德理论的核心假设是人根据其人格不同可以分为6个类别，分别是现实型（realistic）、研究型（investigative）、艺术型（artistic）、社会型（social）、企业型（enterprising）、传统型（conventional）。

霍兰德人格与职业兴趣测试人格类型

愿意使用工具从事具备操作性特点的工作，动手能力较强，做事手脚灵活，动作协调；偏好于具体的任务，不善言辞，做事保守，较为谦虚；缺乏社交能力，通常喜欢独立做事。

抽象思维能力强，求知欲强，肯动脑，善思考，不愿动手；喜欢独立和富有创造性的工作；考虑问题理性，做事喜欢精确，喜欢逻辑分析和推理，喜欢不断探讨未知的领域；有学识才能，不善领导人。

具有一定的艺术才能和个性，喜欢创造新颖的、与众不同的成果，具备创造力，希望通过表达个性，实现自身价值；做事较理想化，可能不切实际地追求完美；善于表达，不善事务性工作，有些怀旧，心态往往较复杂。

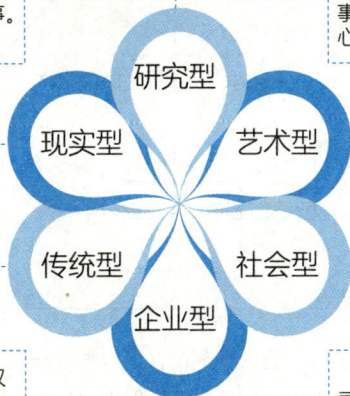

现实型　研究型　艺术型　传统型　企业型　社会型

喜欢按计划办事，尊重权威和规章制度，有条理、细心，不主动谋求领导职务，习惯接受他人指挥和领导；通常较为谨慎和保守，不喜欢冒险和竞争，缺乏创造性，喜欢关注实际和细节情况，富有一定的自我牺牲精神。

追求权威、权力、物质财富，具备一定的领导才能；敢于冒险，喜欢竞争，有野心，有抱负；为人务实，目的性很强，习惯以利益、得失、金钱、地位、权利等来衡量价值。

寻求广泛的人际关系，喜欢与人交往、不断结交新的朋友；善言谈、喜欢助人，愿意教导别人；比较看重社会道德和社会义务，关心社会问题，渴望发挥自己的社会作用。

应用解析

霍兰德人格分类适合的职业方向

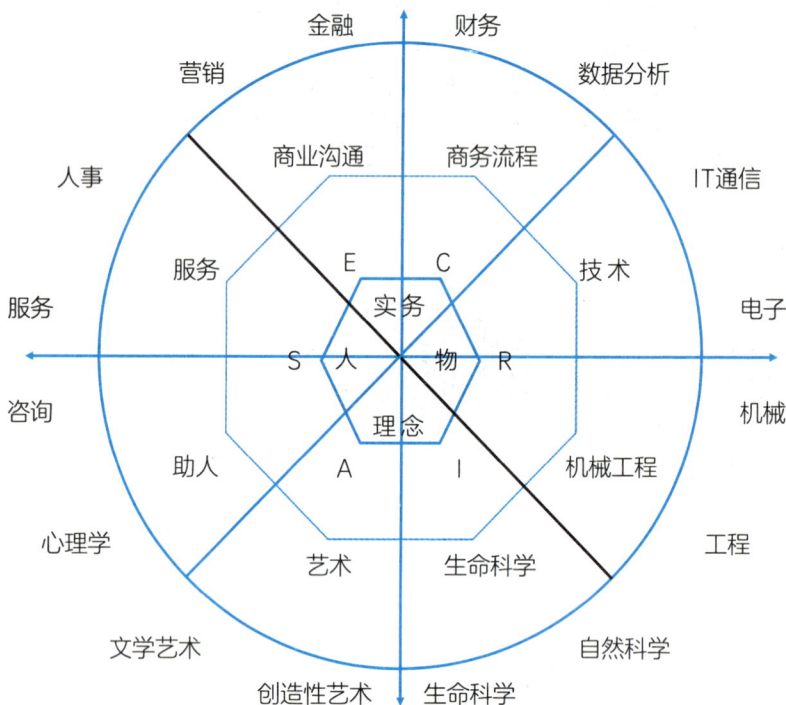

小贴士

　　通过对员工进行职业兴趣测试，可以根据员工所属的人格类型帮助其选择适合的岗位；在员工职业发展过程中，如果发现员工在岗位上有不适应的情况，可以通过职业兴趣测试，判别员工的人格和职业的匹配程度。如果发现员工不适应岗位的原因是因为人格和职业的匹配度低，可以给员工调整岗位。

3.2.2 舒伯职业价值观测试

问题场景

1 看来性格不仅决定了命运，也决定了岗位。

2 员工职业上的偏好，不仅与性格有关，还和员工的职业价值观有关。

3 价值观我大致明白，职业价值观是什么意思？

4 职业价值观来源于价值观，就是员工在职业上更期望得到什么，不期望得到什么。

5 如何发掘员工的职业价值观呢？

6 可以用舒伯的职业价值观测评。

问题拆解

职业价值观，是人们在不同人生发展阶段所表现出的阶段性人生价值追求，是人们希望通过工作来实现的人生价值。它决定了一份职业能够给人带来的满足感。有个词叫"人各有志。"这里的"志"体现在职业偏好上，就是职业价值观。它是一种具有明确目的性、自觉性和坚定性的职业选择，对一个人的职业目标和择业动机起着决定性的作用。

方法工具

工具介绍

舒伯职业价值观测试

舒伯职业价值观测评是心理学家舒伯（Donald E.Super）于 1970 年研发的，舒伯把人的职业价值观分成 15 项，分别是利他助人、美的追求、创造性、智力激发、成就感、独立性、声望地位、管理权力、经济报酬、安全感、工作环境、上司关系、同事关系、生活方式、变异性。

舒伯的 15 项职业价值观

人们对某个职业能为他人提供某种价值、为社会做出某种贡献的倾向性。	人们对某个职业能够创造美丽的事物、追求把美带给世界的倾向性。	人们对某个职业能够发明新事物、设计新产品或产生新思想的倾向性。
利他助人	**美的追求**	**创造性**
人们对某个职业能够能让人独立思考、了解事物背后的运行原理、学到更多知识或技能的倾向性。	人们对某个职业能给人做好工作的成功感和满足感的倾向性。	人们对某个职业能让人按照自己的方式和意愿去做事的倾向性。
智力激发	**成就感**	**独立性**
人们对某个职业能够让人在别人眼里有地位、受尊敬、能引发敬意的倾向性。	人们对某个职业能够让人制订计划、给别人安排任务，或者获得某种权利的倾向性。	人们对某个职业给人们带来想要的经济报酬或物质基础的倾向性。
声望地位	**管理权力**	**经济报酬**
人们对某个职业在未来比较长的一段时间不太可能会失业，不会随着社会经济的变化而消失的倾向性。	人们对某个职业工作环境的空间、时间、温度、湿度、干净程度、噪声等条件有一定要求的倾向性。	人们对某个职业的上级能够和自己融洽相处的倾向性。
安全感	**工作环境**	**上司关系**
人们对某个职业的同事能够和自己融洽相处的倾向性。	人们对某个职业和自己生活方式的符合程度的倾向性。	人们对某个职业可能让自己接触更多职能、获得更多变化的倾向性。
同事关系	**生活方式**	**变异性**

应用解析

舒伯职业价值观应用

小李在一家上市公司工作多年，兢兢业业，认真踏实，工作得到了领导和同事的一致认可，目前已经在分公司部门负责人岗位上做了5年。集团公司领导有意提拔他，目前有两个职位空缺，一个是小李所在分公司的副总岗位，另一个是集团公司某部门的负责人。集团领导找小李谈话后，想征求小李本人的意见。

小李利用职业价值观决策量表，找到自己最重要的8项价值观分别是成就、智慧、上司、审美、金钱、创造力、自主、生活方式，不同价值观对应的重要度、不同岗位对应的满意度如下表所示。

价值观	重要度	分公司副总	集团公司部门负责人
成就	8	5	4
智慧	9	5	4
上司	6	5	3
审美	7	4	4
金钱	8	5	4
创造力	7	4	4
自主	6	4	5
生活方式	5	4	4
总分		255	224

表中255和224为价值观重要度和不同职业满意度相乘后加和。

根据量表的测算结果，小李对分公司副总岗位的总体价值观满意度是255分，对集团公司部门负责人的价值观满意度是224分。分公司副总岗位对小李的综合价值认可度高于集团公司部门负责人岗位。小李在反复检查各项分值与自身价值观的匹配度后，最终做出了选择分公司副总岗位的决定。

小贴士

在运用这个方法时要注意，工具和方法能为人们做决策时提供一种思考维度，但不能代替人们做决策。如果人们完全相信工具，可能并不比完全靠拍脑袋决策更有效。另外，对那些有"选择困难症"的人，工具和方法解决不了其问题。

3.2.3 LASI 管理风格测试

问题场景

1 我发现有时候，员工张三和团队管理者李四相处得很好，调部门后，跟团队管理者王五却相处不好。

2 这可能是因为不同团队管理者的管理风格有所不同，不同的员工对不同的管理风格有所偏好。

3 管理风格可以通过什么方式了解发现呢？

4 可以通过LASI管理风格测试了解管理者的管理风格。

5 管理风格是不是和性格一样，难以改变？

6 管理风格可以改变，优秀的管理者懂得根据员工情况适时调整自己的管理风格。

问题拆解

　　人们常觉得跟某管理者工作时，虽工作强度大、付出多，但心里却觉得舒适；但跟某管理者工作时，虽工作强度小，却不开心。那些让人感受好的管理者可能管理风格符合员工期望，且能够满足当时场景；那些让人感受差的管理者可能管理风格不能符合员工期望，且一些做法和当时场景不匹配。

方法工具

工具介绍

LASI 管理风格测试

　　管理风格在不同情境下，有不同的适用性。常见的管理风格有命令式、教练式、支持式、授权式 4 种。这 4 种管理风格没有绝对的好坏之分，只有在某种情况下相对适合或不适合。它们各有各的适应情况和优缺点。成熟优秀的管理者会根据员工状况，根据工作的具体情境，及时调整和改变自己的管理风格。

　　LASI 管理风格测试（leader adaptability and style inventory），也可以叫 LSI 管理风格测试（leadership style & influence）。顾名思义，LASI 管理风格测试就是用来测试管理者的管理风格的。

LASI 管理风格测试的分类

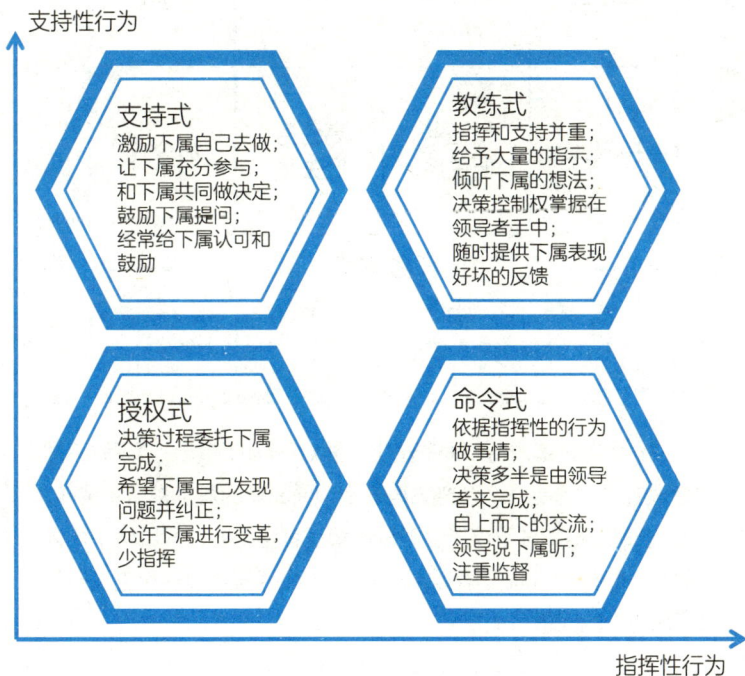

支持性行为

支持式
激励下属自己去做；
让下属充分参与；
和下属共同做决定；
鼓励下属提问；
经常给下属认可和
鼓励

教练式
指挥和支持并重；
给予大量的指示；
倾听下属的想法；
决策控制权掌握在
领导者手中；
随时提供下属表现
好坏的反馈

授权式
决策过程委托下属
完成；
希望下属自己发现
问题并纠正；
允许下属进行变革，
少指挥

命令式
依据指挥性的行为
做事情；
决策多半是由领导
者来完成；
自上而下的交流；
领导说下属听；
注重监督

指挥性行为

应用解析

情景领导理论

情景领导理论（SLT，situational leadership theory）是由行为学家保罗·赫塞博士（Paul.Hersey）和肯尼思·布兰查德（Kenneth Blanchard）在心理学家卡曼（A.Karman）于1966年提出的领导生命周期理论的基础上，吸取了阿吉里斯（Argyris）的成熟-不成熟理论，于1976年提出的。

情景领导理论是一个针对下属不同成熟度采取不同领导风格的权变管理理论工具。

情景领导理论模型把领导行为分成了两个维度，一是任务维度，二是关系维度；把员工根据成熟度的不同，也就是工作胜任力和工作意愿的不同，分成了4种类型；把领导方式也分成4种，这4种领导方式对应着命令式、教练式、支持式、授权式这4种领导风格。

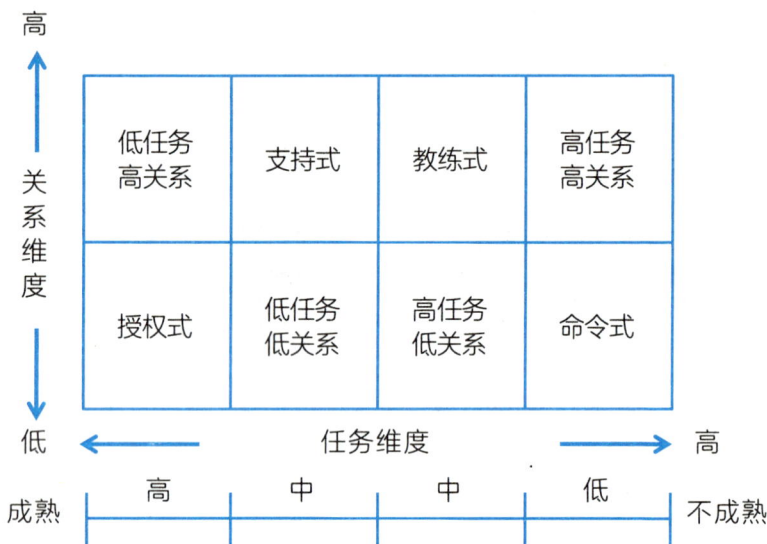

低任务 高关系	支持式	教练式	高任务 高关系
授权式	低任务 低关系	高任务 低关系	命令式

关系维度（高 ↑ 低 ↓）

任务维度（低 ← → 高）

成熟 | 高 | 中 | 中 | 低 | 不成熟

小贴士

　　成熟的管理者对待不同的员工、面对不同的情境，会采取不同的管理方式。这是一个合格管理者必须要具备的基本素质和技能。LASI 管理风格测试不仅能够测试出管理者当前的领导风格是什么样的，还能找出当前领导风格的不足，帮助管理者发现和查找自己领导风格上的问题。

3.3 无领导小组讨论

无领导小组讨论（leaderless group discussion）指的是由多名被测评人组成讨论小组，小组内所有成员都是平等的。讨论小组应在规定的时间内，对某个特定问题进行讨论。讨论结束后，以小组为单位，形成某个结论或方案。

测评人通过观察被测评人在无领导小组讨论过程中的言行举止，判断被测评人的沟通能力、表达能力、逻辑思维能力、领导能力、说服力等。为了让测评结果更准确，无领导小组讨论的全过程可以录像，测评人可以通过回看录像，对被测评人做出更细致的判断。

3.3.1 功能定位提升测评效果

问题场景

1 你前面说的那些测评方法，除了通过测试题外，还可以通过什么方式了解呢？

2 还可以通过面试的环节来了解。

3 可面试的时间短，而且仅通过提问，对人才的了解不深。

4 面试的形式有很多种，短时间一对一提问式的面试确实可能存在这种情况，这时候可以采用无领导小组讨论。

5 无领导小组讨论是什么？

6 就是让人才组成一个小组，为之选定一个主题，让人才在小组内讨论该主题，通过观察人才在讨论过程中的表现予以评价。

问题拆解

　　除了通过测试题了解人才的性格特质和职业风格外，还可以通过面试的环节来了解。面试的形式有很多，无领导小组讨论就是其中一种效率较高、运行简单且可以更全面了解被测评人的测评方式。

方法工具

工具介绍

无领导小组讨论测评

无领导小组讨论的实施种类有很多。

（1）根据被测评人在小组中是否事先被分配角色，无领导小组讨论可以分成指定角色讨论和不指定角色讨论。

（2）根据被测评人当前身份是否属于本团队员工，无领导小组讨论可以分成外部招聘岗位的无领导小组讨论和内部员工的无领导小组讨论。

（3）根据无领导小组讨论问题是开放问题还是具体问题，无领导小组讨论可以分成开放问题讨论和具体问题讨论。这两类问题对被测评人思维发散的自由程度是不同的。

无领导小组讨论的小组人数一般以 4 ~ 10 人为宜。

很多世界著名企业都在采用无领导小组讨论实施人才测评，从而识别选拔出优秀人才。

无领导小组讨论的四大优点

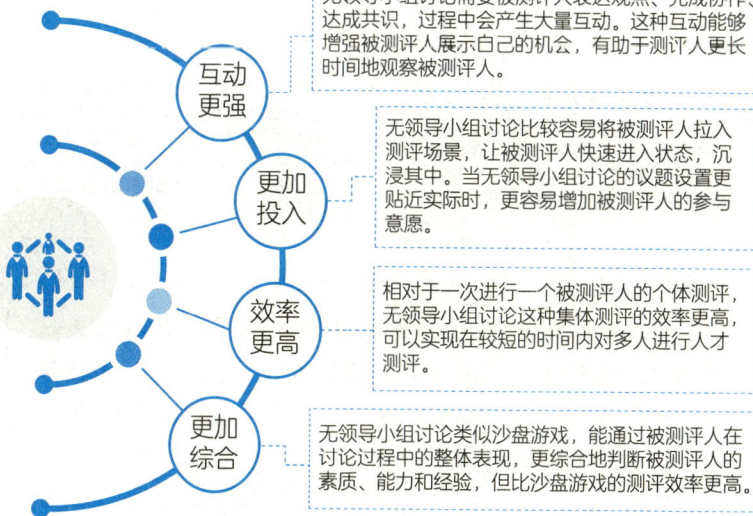

互动更强
无领导小组讨论需要被测评人表达观点、完成协作、达成共识，过程中会产生大量互动。这种互动能够增强被测评人展示自己的机会，有助于测评人更长时间地观察被测评人。

更加投入
无领导小组讨论比较容易将被测评人拉入测评场景，让被测评人快速进入状态，沉浸其中。当无领导小组讨论的议题设置更贴近实际时，更容易增加被测评人的参与意愿。

效率更高
相对于一次进行一个被测评人的个体测评，无领导小组讨论这种集体测评的效率更高，可以实现在较短的时间内对多人进行人才测评。

更加综合
无领导小组讨论类似沙盘游戏，能通过被测评人在讨论过程中的整体表现，更综合地判断被测评人的素质、能力和经验，但比沙盘游戏的测评效率更高。

应用解析

无领导小组讨论可能出现的 4 个缺点

无领导小组讨论的测评方式要依靠被测评人的主动展示和表达。有的被测评人较内向、慢热、不愿参与或对题目本身有颠覆性创新的观点，这都可能让被测评人对小组讨论持消极态度，无法展现出其能力，从而被误判。

被测评人可能被同组讨论的其他人影响。假如某组有一个非常强势的人，一直在引领小组讨论的方向，为避免冲突、顾全大局，相对不强势但有能力的人可能会选择被动跟随，不仅影响其发挥，而且可能被误解。

可能的误判

可能的影响

可能的伪装

可能的失控

随着无领导小组讨论被大量应用，这种人才测评方法被越来越多的人熟知。网络上也存在大量关于无领导小组讨论的解析和应对方法，甚至有很多人总结出"套路"，只要按"套路"来，就会得到较好评价。

如果控场能力不足，无领导小组讨论过程中产生的疑问或冲突不能有效化解，可能会让整场测评陷入混乱，以失败告终。如果无领导小组讨论的题目经不起推敲，不仅会引发被测评人的负面情绪，而且无法达到测评目的。

小贴士

实施无领导小组讨论，对测评人和观察人的能力和经验都有一定要求。尤其是整个无领导小组讨论测评的总负责人，一是要具备较强的控场能力，要能够应对各种突发状况；二是要选择好无领导小组讨论的题目，题目要经得起讨论和推敲。

3.3.2 实施流程保障测评实施

问题场景

1
看起来无领导小组讨论虽然好，但实施起来还是不容易的，题目设置就是个难题。

2
无领导小组讨论的题目一般有两种，一是开放式问题，二是情景式问题，情景式问题又可以分成原因类问题、方案类问题和选择类问题。

3
讨论题目具体应该如何设置呢？

4
比较简单实用的设置方法是从企业实际工作中提炼问题，把工作中实际发生的事件转化成讨论的案例。

5
这个方法好，我一下子有思路了。

6
讨论问题设置好后，先别着急直接用，实施前先内部模拟测试一下。

问题拆解

实施无领导小组讨论时，首先要设置题目，根据无领导小组讨论的需要设置题目类型。比较简单有效的题目设置方法是通过内部收集，即用内部的实际问题做案例讨论的题目。设置好的问题在实施前要找相关人员评审、模拟，修改完善后，再正式应用。

方法工具

工具介绍

无领导小组讨论实施流程

无领导小组讨论的实施可以分成 5 个步骤：组成小组、说明规则、进行讨论、总结发言和做出评价。

无领导小组讨论实施流程

无领导小组讨论测评项目总负责人将所有被测评人分成小组，单个小组的人数一般为4～10人。根据小组的设置数量，辅助测评项目总负责人的观察人员应在协助被测评人划分小组后，在小组中就位，做好观察记录的准备。

组成小组 — 第1步

无领导小组讨论测评项目的总负责人说明本次无领导小组讨论测评项目的题目、流程和具体规则。如果题目内容较复杂，应提前打印成纸质文档，现场发给每个被测评人，或通过电子文档发到小组成员的办公设备/手机中。

第2步 — **说明规则**

进行讨论 — 第3步

小组内所有被测评人根据规则展开自由讨论。讨论过程可以有两种方式，一是提前在规则中规定发言顺序，保证所有被测评人都要先进行一轮发言，当所有人完成发言后，再进行自由讨论；二是完全不设置讨论规则，一开始就自由讨论。

第4步 — **总结发言**

做出评价 — 第5步

无领导小组讨论时间结束后，小组进行总结发言。常见总结发言的形式也有两种，一是在规定时间内，由小组自由决定总结发言形式；二是在规则中规定总结发言的形式，可以由小组推举1名或N名代表发言。

无领导小组讨论测评项目总负责人带领所有观察人员得出对被测评人员的评价。如果时间允许，可以在小组讨论之后观看视频回放做评估；如果时间不允许，测评项目负责人可以与观察人员现场讨论后，对被测评人员做出评价。

应用解析

常见无领导小组讨论的 4 类问题

开放式问题指的是允许被测评人自由发挥的问题。这类问题往往给出的想象空间和讨论空间较大，可以给被测评人更多的发挥空间。例如，通过哪些方式可以提高效益？通过哪些方式可以降低成本？

方案类问题指的是根据某个场景，提出这类场景的解决方案、应对方法或行动计划的问题。当问题中存在"怎么办""如何""方案""方法""计划"等关键词的时候，通常属于方案类问题。

| 开放式问题 1 | 原因类问题 2 | 方案类问题 3 | 选择类问题 4 |

原因类问题指的是根据某个场景，找到发生这个场景的原因，也可以进一步延伸到发生与这个场景类似的其他场景的原因。当问题中包括"为什么""为何""原因"等关键词的时候，通常属于原因类问题。

选择类问题指的是根据某个场景中已经给出的多个选项，做出选择的问题，或者对多个选项划分优先级的问题。当问题中存在"选择""判断""找出""排序"等关键词的时候，通常属于选择类问题。

小贴士

一般来说，选拔基层岗位的时候，可以用原因类问题或方案类问题，主要考察基层岗位的逻辑思维能力和解决问题能力；选择管理岗位的时候，可以用方案类问题或选择类问题，主要考察管理岗位的全局意识和决策能力。

3.3.3　区分角色精准获得结果

问题场景

1 实施无领导小组讨论时，是不是那种在讨论中能统领全局的人最值得被录用？

2 不能这么讲，这要根据岗位来决定。如果岗位需要，当然如此；如果岗位不需要，则要看岗位需要来选择合适的人才。

3 这么说在无领导小组讨论中，那种默默无闻的人才也可能值得录用？

4 如果岗位需要的就是默默无闻的人才，当然可以录用。但过于消极和没有表现特质的人才，不建议录用。

5 那看来对观察人员的能力要求很高。

6 是的，观察人员对每个被测评人的观察和判断，是无领导小组讨论成败的关键。

问题拆解

在无领导小组讨论过程中，不同的被测评人会展现出不同的特质。是否录用被测评人，可以根据被测评人在无小组讨论过程中表现出来的特质结合岗位要求判断。观察人员对被测评人表现出的特质的准确把握和判断至关重要。

方法工具

工具介绍

无领导小组讨论常见角色

在不事先分配角色的无领导小组讨论中，小组中被测评人自发形成的常见角色可以分成 8 种，分别是领导者、控场者、创新者、记录者、总结者、参与者、挑剔者和对抗者。

每种角色代表着在无领导小组讨论中，担任这种角色的被测评人可能在今后的工作中呈现出类似角色的特质。

因为无领导小组讨论这种人才测评方式有着人才选拔的用途，在无领导小组讨论中表现积极、角色鲜明，能够快速找到自己在团队中的位置，并能够为团队统一意见、推进讨论、团结共事或得出结论有帮助的人都可以作为优先选拔的对象。

无领导小组讨论常见的 8 种角色

控场者角色指过程中控制场面和节奏的人，表现为当某人发表意见超时后予以提醒；当某人发表意见与主题无关时将其拉回主题；当某人不愿发言时引导其发言等。

创新者角色指无领导小组讨论中提出与众不同意见、对意见的多样性提供重要贡献的人。创新者角色的意见通常很有深度、具备哲理或者很有创新性。

记录者角色指在过程中记录意见和汇总别人意见的人，相当于领导者角色的助手。记录者角色能够形成清晰的讨论成果，防止遗漏要点。

领导者角色指的是过程中自发形成的组长角色。领导者角色的人往往声音洪亮、性格外向、积极主动、带领着整个小组进行讨论。

对抗者角色指的是过程中表现出明显消极对抗的角色，具体表现为不屑一顾、左顾右盼、交头接耳、拒绝发表任何意见或发表许多与主题无关的负面意见。

| 领导者 | 控场者 | 创新者 | 记录者 |
| 总结者 | 参与者 | 挑剔者 | 对抗者 |

总结者角色指最后汇总整理所有讨论过程后，做呈诉总结的人。无领导小组讨论中大家各抒己见，最后意见往往难以统一或总结。

参与者角色指整个讨论中没表现出积极主动，没表现出观点新颖，也没表现出消极对抗，而是跟随别人的讨论发言，随波逐流的人。

挑剔者角色指当别人表达自己的观点后，多次主动指出别人观点的错误、逻辑漏洞等问题的人。

应用解析

无领导小组讨论常见角色解析

控场者角色其实是一个隐性的领导，有时候控场者角色和领导者角色由同一人担任，这类人具备管理者潜质。

创新者角色往往思维角度新颖，具有发散思维，敢于打破世俗，敢于绕过常规，敢于想别人之不敢想。创新者角色比较适合需要创新的岗位。

记录者角色有时候是某人主动提出来担任的，有时候是内部推举产生的，有时候是领导者角色指派的。有时候，领导者角色和记录者角色由同一人担任。

领导者角色的人往往具备领导意识，领导者有时候可能会引领整个小组的意见方向，成为整个小组的意见领袖。

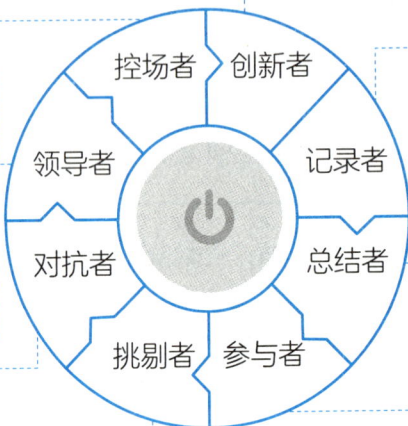

能够比较出色地担任总结者角色的人往往具备聚合型思维，能够准确拿捏分寸，找到平衡。有时候，总结者角色和领导者角色由同一人担任。

（图：控场者、创新者、记录者、总结者、参与者、挑剔者、对抗者、领导者）

对抗者角色形成的原因可能是被测评人厌恶无领导小组讨论的人才测评形式、不认可已经形成的领导者角色，也可能是其他原因。

挑剔者角色有可能是出于追求完美的考虑，有可能是出于表现自我的考虑，也有可能是出于完善结论的考虑。

参与者角色的人往往对整个讨论的过程和最终意见的达成没有任何贡献，没有过多参与感，人云亦云。

小贴士

一场无领导小组讨论中的所有人最后都可以归结到这 8 种角色上。大多数情况下，领导者角色、控场者角色、创新者角色、记录者角色、总结者角色都是相对比较正面的角色；参与者角色是相对比较中性的角色；挑剔者角色、对抗者角色是相对比较负面的角色。

04

沟通关爱人才

💎 本章背景

① 我有时候会觉得自己和员工的沟通有问题。

② 具体有什么表现呢？

③ 很多，比如，有的员工不喜欢我，有的员工不愿意和我交心，有的员工总是躲着我……

④ 这看来可能真有问题……

⑤ 有没有什么办法能破解这个问题呢？

⑥ 可以在沟通关爱人才方面下功夫。

背景介绍

　　员工与团队管理者之间有距离、有隔阂、有误解，多数情况是由于团队管理者对员工的沟通关爱不够造成的。要拉近与团队成员的距离，减小隔阂，增强团队凝聚力，团队管理者要学会沟通的技巧，掌握员工访谈的方法，做好员工关怀。

4.1 沟通技巧

有效沟通是双向的。懂得沟通的人，就算自己表达的少，也能够让对方感受到自己被理解；不懂得沟通的人，就算内心善良，真心实意地想帮别人，别人也未必买账。团队管理者除了要向员工表达外，还要懂得聆听员工的想法，适时给予员工反馈。另外，沟通并非只有正式沟通一种形式，还应当多采取非正式沟通形式。

4.1.1　有效聆听发现问题

问题场景

1 我和员工交流时，常没等员工说完就抢话，后来发现自己并不知道员工想说什么，搞得很尴尬，我真该改改自己的这个毛病。

2 有效的沟通首先要学会聆听。

3 其实我会聆听，就是好好听员工说呗。

4 不仅要听，听的过程中还要多观察，耐心等员工表达，完全了解员工表达的意图后，再表达自己的想法。

5 以后我就往那儿一坐，微笑看着员工，啥也不说，不就好了嘛！

6 不是那么回事儿……聆听除了要多听少说外，还要寻找员工想表达的信息。

问题拆解

　　沟通中许多误解源于不懂聆听。每个人都有表达和被别人了解的欲望，懂得聆听，才能让别人舒畅地把内心的话都吐露出来。不懂聆听的团队管理者，员工会变得越来越不愿与其沟通。聆听并不是木讷地听，想象一下，如果对着一个冰冷的雕塑倾诉心声，你会觉得心情好受吗？如果对着一块木头吐露情感，你会觉得心灵得到安慰吗？

方法工具

工具介绍

聆听

很多人知道在聆听中，听比说更重要，可如何有效地听，是有方法和技巧的。有效聆听的两个关键，分别是寻找信息和重复事实。

通过下属的声音语调、诉说内容、表情神态、情绪表露等，团队管理者可以寻找到员工想传达的关键信息。

有时候为了避免主观价值判断以及员工有信息没有完全表达出来，团队管理者可以重复员工说的关键信息。这里的重复不是做"复读机"，而是表达和总结出自己听到的核心信息，和员工核对有没有错。

聆听中做事实重复，一是可以与员工确认信息；二是能令员工感到团队管理者在认真听；三是给自己一个缓冲的时间，帮助自己进一步消化理解员工表达的信息。

有效聆听的 4 个维度

员工想传达的关键信息有几条？
分别是什么？
信息背后的信息是什么？

员工为什么要说这件事？
员工的动机和目的是什么？

是什么 ①　② 为什么

做什么 ④　③ 想什么

员工想让我做什么？
我实际能为员工做什么？

员工说这件事时是什么态度？
员工有什么样的情绪？
员工有哪些具体诉求？

应用解析

无效聆听的 9 种表现

没等听完就急于发表个人意见	没等听完就有了个人情绪，比如生对方的气	使用情绪化的言辞回应对方
没有耐心，急于下结论	思想开小差，注意力不集中	没等对方说完，早有了结论
没听明白的地方，不要求对方说明	神情茫然，姿态僵硬，注意力不集中	只听表象，不思考背后的情感

小贴士

聆听最大的敌人是诉说的冲动。聆听时，不论认为对方观点多么荒谬、可笑、幼稚、无聊，都不要急于表达自己，要把关注点放在对方身上，完全搞清楚对方想传达的信息和情绪后，再发表观点。团队管理者为更好地理解员工，可以客观总结，与员工确认。即使不认同，也不要马上做出主观价值判断。

4.1.2 引导反馈挖掘信息

问题场景

1 遇到表达能力差，讲不清楚事的员工，我该怎么与其沟通呢？

2 不是人人都会沟通，遇到沟通和表达能力有问题的员工，要多一点耐心，多进行引导。

3 有没有什么技巧可以帮助我和这类员工沟通呢？

4 有两个技巧，一是表达认可；二是引导反馈。

6 表达认可是对下属主动表达对这件事本身予以认可，鼓励他继续表达；引导反馈是运用反馈的方式，引导下属表达出他想表达的意思。

5 这分别是什么意思？

问题拆解

　　团队管理者和员工沟通时，难免会遇到害羞的员工，反映问题时想说却不好意思，来回绕弯子；或遇到表达能力差的员工，沟通时抓不住重点。此时团队管理者如果着急、埋怨、责怪通常没用，反而会让沟通陷入僵局。遇到这种情况，团队管理者不能急，不能乱，要耐心地引导员工充分表达。

方法工具

工具介绍

反馈

沟通中，来自对方的反馈非常重要。当人们对着木头、雕像或玩具说话时，它们不会有反馈，但当人们对着人说话时，总会期望得到某种反馈。有了对方的反馈，才能感受到自己被听到、被重视，有存在感。

要激发员工的表达欲望，鼓励员工充分表达，团队管理者可以表达出自己对员工的认可、关心和在意，这时候，可以通过有声或无声的方式反馈给员工。

要引导员工继续表达，团队管理者可以用"然后呢""接下来呢""你认为呢""比如说呢"等来引导员工继续表达或引发思考。

这种方法在团队管理者和不善于表达的员工沟通时尤其有效。

沟通中常见的 6 种反馈

无声（肢体语言反馈）：
适时点头、凝视对方，
偶尔触碰对方的上臂或
肩膀表示理解或认同

有声，简单的：
"嗯。"
"哦。"
"好。"
"明白。"

想知道后续：
"然后呢？"
"接下来呢？"
"后来怎么样了？"

表示吃惊：
"啊？"
"真的假的？"
"怎么会这样？"

表示高兴：
"太好了！"
"太棒了！"
"非常好！"

表示同理心：
"能体会。"
"确实。"
"我也遇到过。"

应用解析

引导反馈应用案例

1 主任……年终奖……发得不公平……

2 哪里不公平?

3 小李明明工作业绩比我差,可为什么年终奖拿的却比我多?

4 你认为问题出在哪里呢?

5 我觉得可能是因为小李的职级比我高。

6 然后呢?

7 职级高的人就算工作业绩差也可以拿比较高的年终奖,我认为这不公平!

8 你的建议呢?

9 我觉得公司应该修改一下年终奖的制度!

10 感谢你告诉我这些。你先安心工作,我会核查。两天后给你答复。

小贴士

团队管理者可以时不时地给员工一些反馈,引导员工继续表达,鼓励对方把心里的话都说出来。这时候,可以多运用"然后呢""接下来呢""你认为呢""比如说呢"等来引导员工思考和表达。对话的最后,要表达出对员工的认可。

4.1.3　走动管理高效沟通

问题场景

1 我想加强和员工的沟通，可以通过什么方式呢？

2 你现在一般和员工是怎么沟通的呢？

3 就是把员工叫到办公室，和员工聊一会儿。

4 那更像是在布置工作……太正式了！

5 我也想丰富一下自己和员工沟通的方式……

6 和员工沟通的方式可以有很多种，要达到比较好的效果，我推荐非正式沟通。

问题拆解

很多团队管理者和下属沟通的方式过于正式，常常是把员工叫到自己的办公室，员工站着，团队管理者坐着谈话。这种沟通如果纯粹用来布置工作是可以的，可如果想有效沟通更多样的信息，这种方式就不合适了。团队管理者应当建立更多样的沟通方式，多采取非正式沟通。

方法工具

工具介绍

走动式管理

走动式管理指的是团队管理者经常在员工的工作环境中走动，了解员工在工作或非工作方面的情况，和员工沟通、鼓励员工，更好地了解员工。团队管理者可以充分运用"走动"的时间，用"心"倾听员工的心声。

实施走动式管理的四要素

看	问
"带着眼睛走动" 发现员工工作或非工作时的各类状况，找到事情的真相	"带着耳朵走动" 放下架子，少说多问，全面了解，找出问题的真实原因
查	追
"带着鼻子走动" 主动查找问题点，也可以对布置的工作检查，确保工作落实	"带着心走动" 对发现的问题要持续追踪，及时处理，不要让问题积少成多

应用解析

非正式沟通的 8 种形式

走动式管理

公司集体活动

互联网社交软件

闲暇聚会

出差期间

上下班途中

用餐时间

开会或培训期间

小贴士

上下级间的非正式沟通方式有很多种，除了走动式管理外，早晨上班在电梯里时、中午吃饭在餐厅时、晚上下班偶然遇见时，都可以做非正式沟通。做非正式沟通时，要体现平等。上级如果想和下级交心，沟通过程最好双方并排坐或并排站，而不是对立坐或对立站。可以下级坐着，上级站着，最好不要下级站着，上级坐着。

4.2　员工访谈

　　沟通的本质是信息交换。信息在一定时间内交流得越全面，代表沟通的效率越高。所以团队管理者在沟通时，不仅要设法让信息在单次沟通时充分互通，还要通过各种形式，和员工之间保持持续而充分的信息互通。

4.2.1　敞开心扉增强信任

问题场景

1 上级和下级之间似乎天然就存在隔阂，我该怎么拉近与员工之间的距离呢？

2 你有没有发现，人和人关系好的秘密，与双方相互了解的程度密切相关？

3 似乎是这样，彼此了解的程度越高，关系越好。

4 所以要拉近和员工之间的距离，可以多让员工了解自己。

5 具体该怎么做呢？

6 多和员工沟通，多向员工袒露一些心声，让自己在员工面前的隐私越来越少。

问题拆解

　　每个人都有开放给别人的一面，也有自己想隐藏起来的一面。如果团队管理者想要隐藏的信息太多，会被员工认为是一个内心封闭的人，或是个很神秘的人。员工对其的信任度会降低，而防范心理则会加强。团队管理者保持开放的心态，可以通过员工了解到很多自己不了解的信息，不断完善自己。

方法工具

工具介绍

沟通视窗

　　要有效与员工沟通，团队管理者可以用到一个工具——沟通视窗。沟通视窗，也叫乔哈里窗（Johari window），这个理论最初是由乔瑟夫（Joseph）和哈里（Harry）在 20 世纪 50 年代提出来的。沟通视窗把人际沟通的信息比作一个窗子，这个窗子分成了 4 个区域，分别是开放区、盲区、隐私区和黑洞区。

沟通视窗示意图

	自己知道	自己不知道
别人 知道	**开放区** 自己知道，别人也知道的信息，例如姓名、性别、年龄、职业等显性信息。开放区是主动向别人公开、不想隐瞒的信息	**盲区** 自己不知道，但是别人知道的信息，例如性格弱点、不好的习惯、别人的评价等。盲区是别人知道，自己却察觉不到的信息
别人 不知道	**隐私区** 自己知道，但别人不知道的信息，例如某些不想让别人知道的经历、秘密、心愿等。隐私区是不愿意向别人开放，不希望别人了解的区域	**黑洞区** 自己不知道，别人也不知道的信息，例如某种潜能、隐藏的疾病等。黑洞区并非是自己不想让别人知道，而是连自己都不知道有这类信息的存在

应用解析

沟通视窗的应用

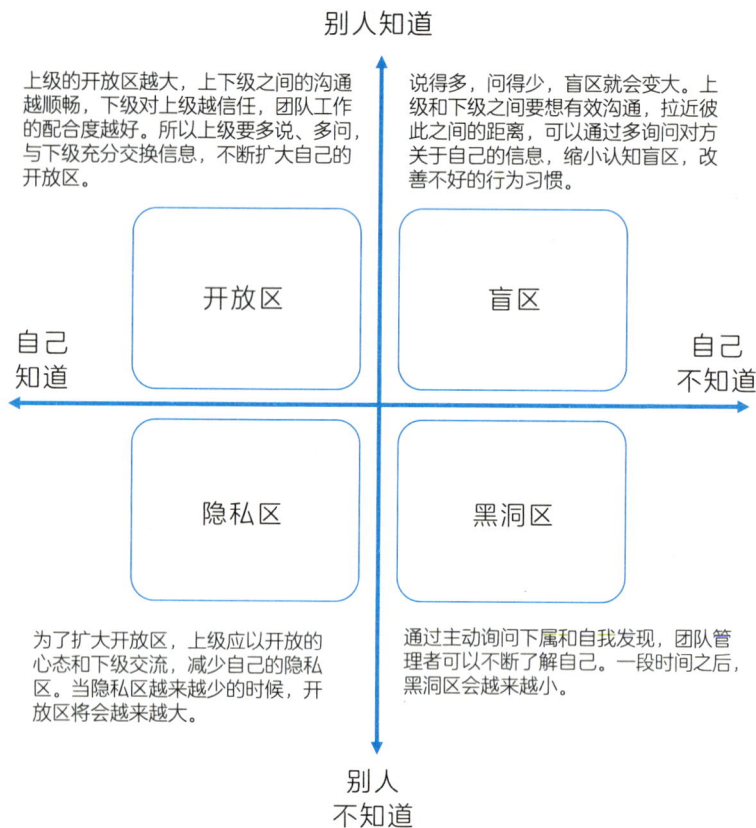

别人知道

上级的开放区越大，上下级之间的沟通越顺畅，下级对上级越信任，团队工作的配合度越好。所以上级要多说、多问，与下级充分交换信息，不断扩大自己的开放区。

说得多，问得少，盲区就会变大。上级和下级之间要想有效沟通，拉近彼此之间的距离，可以通过多询问对方关于自己的信息，缩小认知盲区，改善不好的行为习惯。

自己知道

开放区

盲区

自己不知道

隐私区

黑洞区

为了扩大开放区，上级应以开放的心态和下级交流，减少自己的隐私区。当隐私区越来越少的时候，开放区将会越来越大。

通过主动询问下属和自我发现，团队管理者可以不断了解自己。一段时间之后，黑洞区会越来越小。

别人
不知道

小贴士

对不熟的人，人们的心灵窗户是不会随便打开的，所以团队管理者在与员工沟通的过程中，会发现有的员工不愿意暴露自己的隐私区。要想让员工逐渐敞开自己心灵的窗户，团队管理者要多和员工沟通，先对员工开放自己的隐私区，对员工的问话要多走心，多观察员工的情况，多和员工聊一些生活细节，体现出对员工的关心。

4.2.2 员工访谈拉近距离

问题场景

1 我总觉得自己和下属之间只是纯粹的工作关系，很难交心……

2 你可以定期找员工谈话，多了解员工的情况。

3 谈话？我平时工作中也没少和员工谈话啊？

4 你平时主要谈的是工作吧？我这里说的谈话主要是指一些非工作的谈话。

5 有道理，我确实很少和下属谈非工作的话题。具体都可以谈什么呢？

6 谈话内容可以是团队成员的生活、家庭、健康、学习等，当然，不要挖掘员工的个人隐私，除非员工愿意主动分享。

问题拆解

　　当团队管理者发现员工很难和自己交心，双方在心灵上存在距离感的时候，说明彼此之间还不够了解，不够信任，不够团结。要加强团结，彼此交心，团队管理者平时就要多了解下属，和下属定期交谈，不仅要了解下属的工作情况，还要了解下属除工作之外的生活、家庭、健康、学习等各种非工作情况。

方法工具

工具介绍

员工访谈

团队管理者应定期对员工实施访谈，以便加深团队中上下级之间的了解，增强团队友谊，强化下级对上级的信任感以及下级对团队的归属感。员工访谈的内容不限于工作，事实上，工作应当只是员工访谈内容中比例很小的一部分。

与员工访谈的 5 个维度

有什么兴趣爱好？
生活上有没有困难？
有没有买房？
买房有没有贷款？
有没有买车？
买车有没有贷款？

父母多大年纪？身体怎么样？
孩子几岁？在哪里上学？
现在有没有男/女朋友？
老公/老婆做什么工作？

体检结果怎么样？
如何健身？
有没有超重？
如何减肥？

生活　**家庭**　**健康**

学习　**工作**

有没有继续深造打算？
有没有考证打算？
最近在学什么？
对哪方面知识感兴趣？

工作上有没有困难？
是否需要帮助？
需要哪些资源支持？
员工期望得到什么？

应用解析

员工访谈举例

1 小王，看你最近愁眉苦脸的，有什么心事吗？

2 经理……也没……没什么啦……

3 跟我还有什么不能说的？有什么难处尽管说！

4 其实……我母亲生病了，在住院，我爱人在照顾她，我心里总惦记这件事……

5 这事怎么不早跟我说呢？现在病情怎么样？有需要我可以批你请假去照顾她。

6 不用啦……医生说我母亲恢复得不错，后天就可以出院了，之后在家静养就可以。而且，我手头还有几项重要工作……

7 跟我客气啥呀！给你两天假，好好陪母亲。一会儿你带我去医院，我去看看她。工作的事回来再说，不行我可以帮你做！

8 经理！太谢谢了！

> **小贴士**
>
> 　　团队管理者和员工交谈时要灵活，具体谈什么内容可以根据每个员工的不同情况灵活调整，但要注意尊重员工的隐私。团队管理者每次和员工的谈话时间不要过短，时间太短会显得没有诚意；如果是聊非工作事项，时间也不宜过长，以免影响正常工作。

4.2.3　定期访谈累积情感

🔒 **问题场景**

1 我平时比较忙，要么忙得没有时间访谈，要么忘了自己有没有访谈过某个员工了。

2 员工访谈可以提前规划，可以规范管理和记录，这样既可以提前给自己规划出时间，还不会忘记。

3 那我应该多久对员工访谈一次呢？

4 这要看你团队规模，一般尽量做到每周至少和不同员工做一次简短交谈。

5 每次员工访谈的时间多久合适呢？

6 时间不需要太长，如果没有特别事项，可以控制在30分钟左右。

问题拆解

　　团队管理者每过一段时间，就应该实施一次员工访谈。员工访谈的频次、时间都可以提前规划、规范管理。通过这种定期、定时的员工访谈，既可以让团队管理者和员工的情感逐渐积累，也可以定期发现团队存在的问题，及时做出修正，减少风险；还可以鼓舞员工士气，激发员工的动力，提升团队的绩效。

方法工具

工具介绍

员工访谈频次

团队管理者实施员工访谈的时间间隔可以根据实际情况来定。对于人数规模比较小的团队（10人以下），时间间隔可以设置得相对较短，例如每周对每个团队成员做一次员工访谈；对于人数规模比较大的团队（10人及以上），员工访谈的时间间隔可以设置得相对较长些，例如每月对每个团队成员做一次员工访谈。

每次员工访谈的时间不需要太长，对单个员工来说，一次访谈的时长一般不超过30分钟。团队管理者实施员工访谈时，可以采取个别访谈、抽查访谈或针对问题访谈等不同形式。

员工访谈次数记录样表

姓名	第1周谈话次数	第2周谈话次数	第3周谈话次数	第4周谈话次数	本月合计谈话次数
小张	1	1	1	1	4
小王	0	1	0	1	2
小李	1	0	1	1	3
小刘	1	2	1	1	5

应用解析

员工访谈问题记录样表

如果时间允许，对员工访谈过程中暴露出的问题，团队管理者可以详细记录，记录问题提出人、提出时间。对问题的真实性，要做必要的核查，并根据问题的重要和紧急程度，排出解决问题的优先级顺序。员工访谈问题的记录如下表所示。

发现问题	问题提出人	问题提出时间	问题查证结果	问题改正优先级

对于排出优先级顺序的待解决问题，应形成解决方案，每个问题和方案都要对应相关的责任人、参与人和完成时间。员工访谈问题改正的记录如下表所示。

待解决的问题	解决方案	责任人	参与人	完成时间

小贴士

团队管理者与员工谈话时要注意平均分配时间和频率，不要总和某个员工高频率交谈或交往过密，而冷落了某个或某些员工。这样会让那些没有太多机会与团队管理者交谈或接触的员工产生负面感受，甚至可能产生猜忌，不利于团队内部团结。

4.3 员工关爱

著名管理大师彼得·德鲁克（Peter F. Drucker）曾说："管理的本质，就是激发和释放每一个人的善意。管理者要做的是激发和释放人本身固有的潜能，创造价值，为他人谋福祉。"用什么来激发员工的善意呢？没有什么比团队管理者的善意更有效了。

4.3.1　关怀员工构建氛围

问题场景

1　我总觉得我们团队的氛围不好，有没有什么办法可以让团队氛围变好呢？

2　要构建和谐的团队氛围，首先你需要让员工感到被尊重。

3　我没有不尊重员工啊。

4　你的想法和员工的感受是两回事。问你一个简单的问题：你每天会主动问候员工吗？

5　有时会简单问候，但没有主动做过。我是团队的头，为什么要我主动问候？不应该是员工来主动问候我吗？

6　也许你的这种想法就是问题所在。每天主动给员工问候和关怀，会让你的团队氛围越来越好。

问题拆解

　　如果团队管理者让员工感到高高在上，不易亲近，或为展示威严，和员工表现出不同频，员工很可能对团队管理者敬而远之。当团队上下级之间的层级感过分强烈之后，会造成团队中的氛围紧张。长期这样下去，和管理者的每一次接触都会成为下属的心理负担。

方法工具

工具介绍

员工关怀

　　每个员工都渴望自己能够"被看到"，希望得到来自上级的关怀。关怀员工，能够增强上下级之间的信任，能够稳固团队，能够在团队中形成正能量。团队管理者实施员工关怀可以分成 3 步：嘘寒问暖、传达善意、主动帮助。

员工关怀的 5 个维度

明天要降温了，记得多穿点衣服，
当心着凉。
听说××平台衣服特价。
你穿衣服很有品位。
我觉得你的穿衣风格很适合你的形象。

吃过饭了吗？
饭菜的口味怎么样？
看你最近瘦了，是不是吃得不好？
发现你最近好像有点胖，是不是吃得不太健康？
晚饭一般在哪里吃？
回家自己做饭吗？

衣

食

工

住

行

对工作有什么样的感受？
对工作哪里最满意/哪里最不满意？
工作上有没有难题？
工作过程中有没有疑惑？
是否需要帮助？

平时怎么上下班？
路上堵不堵车？
上班时间要多久？
上下班和谁一起走？
上下班时间和家属的时间能否匹配？

住在哪里？
租房还是买房？
单独租房还是合租？
住的环境怎么样？
每月的月租多少？
房子有贷款吗？
离公司有多远？

应用解析

员工关怀举例

① 小张，早！

② 经理早！

举例：
每天早晨见面的时候，可以问候下属"早安"或者"早"。这里要注意称谓，比如"小张，早"，而不要用"喂，早"或者"嗨，早"之类的语气词代替下属的称谓。

点头　　微笑

举例：
上班过程中与下属遇到，可以向对方点头、微笑或者加一句"Hi"，而不要低头走过，不要扭头视而不见或者假装没有看见对方。

① 小张，一起吃午饭吧！

② 好的，经理！

举例：
中午吃饭的时候，可以笑着说："到午饭时间了，小张，咱们一起去吃午饭吧"或者"小张，吃午饭了吗？"。
晚上下班以后，可以笑着问：小张，已经下班一小时了，怎么还没走呢？

小贴士

在主动问候和关怀员工时，要注意以下 3 点：

（1）热情，见到员工要主动先开口问候，当员工问候自己的时候要立即回应。对待员工要主动表达热情，要注意称呼对方的名字。

（2）善意，在与员工交流时，要保持友好、传达真诚，目光注视对方，面带微笑，做到眼到、口到、心到。

（3）大方，问候的过程要自然流露，不要让员工感觉到是刻意为之，肢体上不要有不当的动作，声音要让对方听清楚。

4.3.2 情感银行留住人才

问题场景

1 我发现我们很多团队管理者和员工之间的氛围过于官方，缺乏情感连接。

2 这种情况可以尝试让团队管理者多关爱一下员工。

3 我以前觉得关爱员工是团队管理者的特质决定的，学不来。

4 管理者的特质确实会决定关爱员工的主动程度，但关爱员工本身是团队管理者必备的技能之一。

5 关爱员工是一种技能？我还是第一次听到这种说法。如果是技能，那就应该可以被培养。

6 没错，这种技能不仅可以被培养，而且有具体的方法、步骤和操作细节上的注意事项。

问题拆解

很多团队管理者错误地认为，通过高工资、高奖金、高福利的强物质刺激就能有效激励员工。物质刺激固然重要，但比不上团队管理者日常对员工关爱的影响深远。水滴石穿，水滴虽然不能一下子击碎岩石，但能够通过长时间不断滴水，改变岩石的形状，团队管理者对员工的关爱就像水滴一样，浸润着员工的心灵。

方法工具

工具介绍

关爱员工

团队管理者对员工的关爱既是一种员工激励方式，也是管理者必备的技能之一。关爱员工有助于团队管理者和员工之间形成情感连接。

关爱员工有常法，无定式，不仅需要团队管理者"用眼""用嘴"，更要"用心"。团队管理者对员工的关爱就像是往"情感银行"的账户中储蓄，每一次"用心"，都是一笔储蓄金，储蓄越多，得到的回报越大。

团队管理者关爱员工的 4 个细节

1 记住细节信息

团队管理者应当记住员工基本信息的细节，包括员工生日、员工家人姓名、员工家人生日、员工身体情况、员工离家距离、员工上下班方式等，体现出对员工的关爱。

2 实施多样关怀

不同年龄段、不同经验、不同文化背景的员工，关注的重点是不同的。团队管理者在表达对员工的关爱时，应当关注这些不同，对不同的员工采取不同的沟通关怀策略。

3 适时帮助员工

当员工在生活上需要帮助的时候，团队管理者应想方设法给员工提供适时的帮助。比如，当员工家庭遇到某方面困难时，通过慰问走访、组织捐款等形式，帮助员工渡过难关。

4 提供必要支持

当员工在工作中需要支持的时候，管理者要尽全力给员工提供必要的支持。比如，员工在开展某项工作时需要管理者帮其协调某项事务，这时候管理者应当主动站出来帮助员工。

应用解析

团队管理者关爱员工的 5 个关键

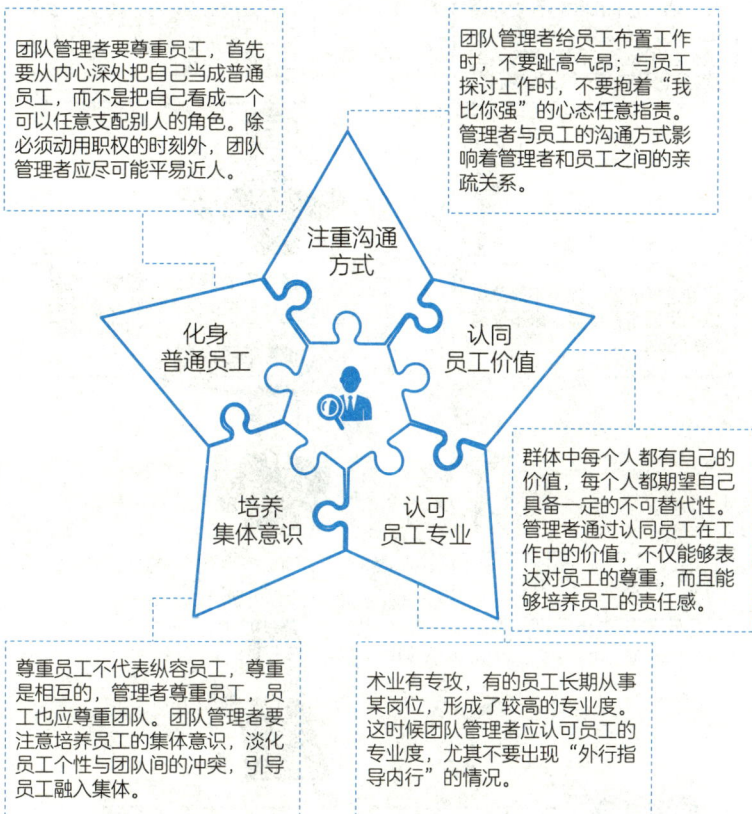

团队管理者要尊重员工，首先要从内心深处把自己当成普通员工，而不是把自己看成一个可以任意支配别人的角色。除必须动用职权的时刻外，团队管理者应尽可能平易近人。

团队管理者给员工布置工作时，不要趾高气昂；与员工探讨工作时，不要抱着"我比你强"的心态任意指责。管理者与员工的沟通方式影响着管理者和员工之间的亲疏关系。

- 注重沟通方式
- 化身普通员工
- 认同员工价值
- 培养集体意识
- 认可员工专业

群体中每个人都有自己的价值，每个人都期望自己具备一定的不可替代性。管理者通过认同员工在工作中的价值，不仅能够表达对员工的尊重，而且能够培养员工的责任感。

尊重员工不代表纵容员工，尊重是相互的，管理者尊重员工，员工也应尊重团队。团队管理者要注意培养员工的集体意识，淡化员工个性与团队间的冲突，引导员工融入集体。

术业有专攻，有的员工长期从事某岗位，形成了较高的专业度。这时候团队管理者应认可员工的专业度，尤其不要出现"外行指导内行"的情况。

小贴士

规章制度是对员工行为的"约束"，而团队管理者对员工的关爱是对员工行为的"激发"。如果用开车来比喻，规章制度更像"刹车"，团队管理者对员工的关爱更像"油门"。团队管理者应当多踩"油门"，少踩"刹车"。

4.3.3　挖掘诉求创造满意

问题场景

1　我们团队里有那种特别爱沟通的员工，经常主动找我沟通。也有那种特别不爱沟通的员工，我尝试多次也不愿跟我沟通。

2　团队中的人才各异，这类人才不一定是故意疏远你，很可能只是性格问题。

3　遇到这样的员工我是不是就可以不沟通了？毕竟人家不愿意跟我沟通。

4　最好不要不沟通，长期不沟通会让这类员工和团队越来越疏远，不仅影响员工绩效，还可能影响团队绩效。

5　那我还能怎么办？

6　可以多用提问的方式，引导员工说出心里话。

问题拆解

有的员工性格外向，愿意与团队管理者沟通、愿意透露心事，团队管理者与这类员工沟通起来相对比较容易。有的员工性格内向，不愿与人沟通、不愿意吐露心事。这类员工往往把负面情绪积压在心中，不敢轻易宣泄，又不知如何解决。长期下去，员工不仅会产生工作效率降低、离职或绩效下降的问题，有的员工还会产生心理抑郁倾向，甚至可能会出现严重的心理疾病。

方法工具

SPIN 工具

当团队管理者发现团队中有不愿意沟通的员工，尝试与这类员工沟通时，容易吃"闭门羹"。要想有效与这类员工沟通，团队管理者可以采用 SPIN 引导法。

SPIN 引导法最早是应用于销售类场景中的一种提问方法，能够帮助客户发现和确立需求，从而促成最终成交。在团队管理中，团队管理者也可以运用 SPIN 原理向员工提出问题，引导对话。

SPIN 工具提问的逻辑

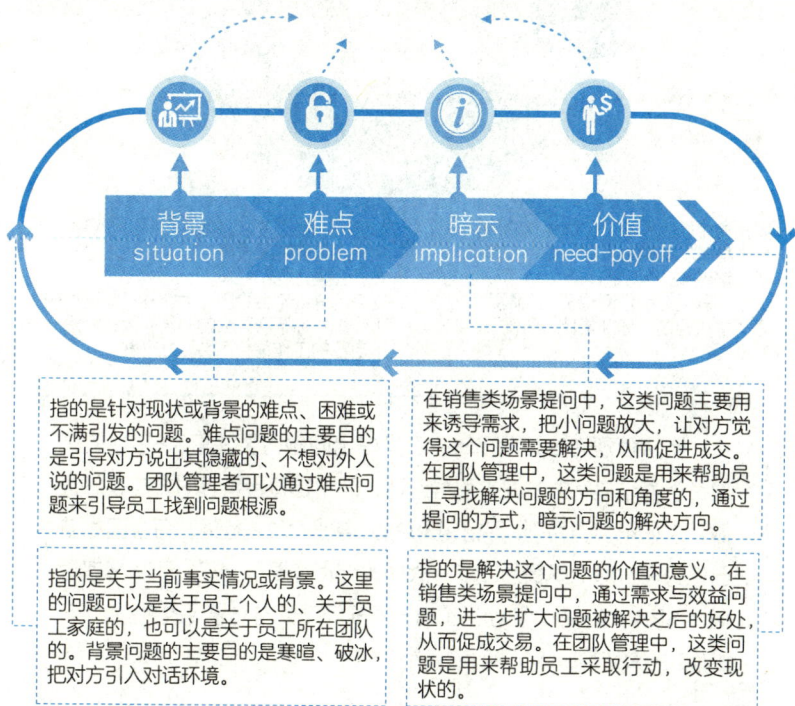

| 背景 situation | 难点 problem | 暗示 implication | 价值 need-pay off |

指的是针对现状或背景的难点、困难或不满引发的问题。难点问题的主要目的是引导对方说出其隐藏的、不想对外人说的问题。团队管理者可以通过难点问题来引导员工找到问题根源。

在销售类场景提问中，这类问题主要用来诱导需求，把小问题放大，让对方觉得这个问题需要解决，从而促进成交。在团队管理中，这类问题是用来帮助员工寻找解决问题的方向和角度的，通过提问的方式，暗示问题的解决方向。

指的是关于当前事实情况或背景。这里的问题可以是关于员工个人的、关于员工家庭的，也可以是关于员工所在团队的。背景问题的主要目的是寒暄、破冰，把对方引入对话环境。

指的是解决这个问题的价值和意义。在销售类场景提问中，通过需求与效益问题，进一步扩大问题被解决之后的好处，从而促成交易。在团队管理中，这类问题是用来帮助员工采取行动，改变现状的。

应用解析

SPIN 工具提问应用举例

最近见你瘦了不少，是在减肥吗？
最近看你精神不太好，晚上没有睡好吗？
最近经常见到你在加班，工作量比较大吗？

之前从来没见你迟到过，最近你上班总是迟到，是不是家里有什么事需要处理？
你的绩效一直都不错，最近绩效比较差，是不是工作上遇到什么困难了？

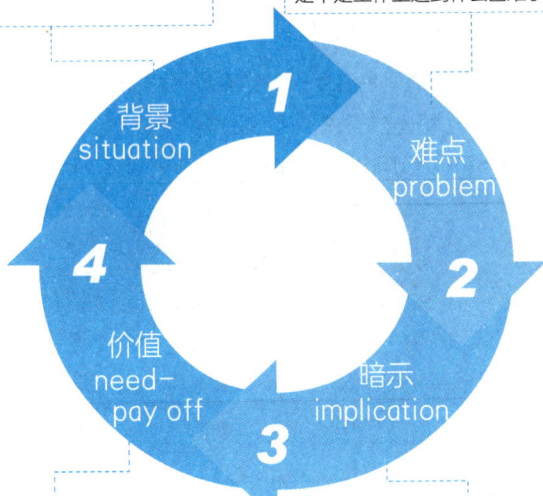

1 背景 situation

2 难点 problem

4 价值 need-pay off

3 暗示 implication

如果这个问题解决了，你觉得会是什么样子？如果是那样，你现在是不是该做点什么了？
这个问题现在给你造成了什么困扰？
为了解决问题，你准备什么时候开始做呢？

你的问题我之前从来都不知道。你是不是从来没和我沟通过呀？试着和我沟通一下会不会更好呢？
这个问题会不会是因为大家并不知道你的工作量？你下次开会的时候向大家介绍一下自己的工作量会不会更好一些？

小贴士

　　团队管理者在应用 SPIN 工具提出问题时要注意，SPIN 的关键在于通过提问的方式来引导对话，而不是直接告诉对方应该怎么做。人们不会因为别人说出正确的大道理而改变行为，只会因为自己认为有价值的事情而改变，人的改变最终要靠自己。团队管理者通过 SPIN 的引导，要让员工自己发现问题，自己感受改变的需要，进而自己找方法，自己采取行动。

05

合理安排授权

本章背景

1　很多时候我给员工安排了工作，员工却总是做不到我想要的结果。我遇到的员工怎么都那么差啊！

2　有没有可能是你在安排工作的方式方法上出了问题呢？

3　你是说，这有可能是我的问题？

4　如果员工的工作态度和能力都没问题，但工作总达不到你的要求，有可能问题出在你身上。

5　啊？我从来没想过自己会有什么问题呢……

6　我们总不能期望只通过简单的指令，员工自己就能把工作做好吧？员工没有做好，我们先要检视自己。

背景介绍

　　员工没有做好工作，很可能不全是员工的问题，团队管理者也要审视自身在工作安排、工作授权和工作轮岗方面是否存在问题。一味向员工提要求并不是有效的团队管理方式。员工不会因为简单的命令而做出团队管理者期望的行为。团队管理者要掌握正确的方法和技巧。

5.1　工作安排

安排工作不像很多人想象的那么简单。如果团队管理者安排工作只是简单地向员工说一句"喂，你去办一下某件事"，员工就能把事情做好的话，那带团队也太容易了。正是因为现实中通常不是这样，团队管理者才需要掌握工作安排的方法和技巧。在工作安排中，布置工作和听取汇报的技巧最为重要。

5.1.1 布置工作减少信息遗漏

问题场景

1 为什么我给员工布置的工作任务，员工总是做不好？为什么员工总是不明白我要表达什么呢？

2 员工又不是你肚子里的蛔虫，如果你没有表达足够清晰的话，对方哪能100%明白你的心思呢？

NO!

3 员工和我相处那么久，不应该我一个眼神他们就知道我在想什么吗？

4 这不现实……任何沟通都会有信息流失。

...

5 那我应该怎么办呢？

6 与其要求员工，不如要求自己。与其寄希望于员工能"秒懂"自己，不如让自己掌握布置工作的技巧。

问题拆解

"传话筒"式的管理方式起不到管理效果。布置工作时，上下级之间的视野高度、思维宽度和信息广度是不对称的，这就会造成上级向下级布置工作时有"信息流失"的情况。所以管理者在布置工作时，需要有一定的"技术含量"，需要工具和方法的支持。

方法工具

工具介绍

布置工作的 6 个步骤

如果团队管理者心里想的是 100%，受限于表达能力和言语表达的局限性，能够表达出来的可能是 80%；限于员工的聆听能力，员工听到的也许是 60%；限于员工的理解能力，员工能够听懂的也许只有 40%；限于员工的执行力，员工最终采取行动的可能仅剩 20%。

从心里想的 100% 到最后结果的 20%，这就是团队管理者很多指令无法被贯彻执行的原因。要改善这种情况，团队管理者在布置工作时，应遵循 6 个步骤。

布置工作的 6 个步骤

要求员工重复一遍自己刚才布置的工作任务，仔细聆听员工的表述。

询问员工是否知道这项工作任务的意义，以及为什么要安排这项工作。

根据自己的期望和想法，尽可能全面地向员工布置工作任务。

询问员工是否知道完成这项工作任务需要用到的方法或工具。

1 陈述任务

2 要求重复

3 询问原因

4 澄清方法

5 预估时间

6 提供资源

询问员工完成工作需要用到什么样的资源和支持，并向员工提供这种资源。

询问员工现在是否有大体的工作规划以及能否预估并确定完成这项工作任务需要的时间。

应用解析

布置工作的 6 个步骤的应用注意事项

上级要把任务的背景、预期的目标、期望达到的结果、不同结果可能对团队带来的影响、下级能够掌握的尺度等能想到的关键要素用最精炼的语言表达清楚。上级在布置任务过程中语言描述的完整程度、精炼程度，直接决定了下级的接受程度。

陈述任务

这样做的目的既是为了确认下级完整接收到任务信息，也是为检验上级刚才说的话中有无漏项，可以在下级重复完后给予补充。通过从"我说"到"你说"再到"我再说"，真正把单向的传达过程变成交流与沟通的过程。

要求重复

询问原因

这一步的目的是确认下级是否理解工作任务。任何工作任务都有背景和意义。当下级知道"为什么"的时候，就代表知道了意义。当下级理解一项任务对团队的意义时，就会产生神圣感和使命感，有助于从心理上接受任务。

有些下级只会被动接受任务，却从不主动考虑用什么方法或工具做，明明不知道该怎么做，却不好意思说。这一步的目的是引导下级思考，确认其具备完成任务的基本思路和能力，确认没有方法上的偏差，这是预估任务能否有效完成的必要过程管控。

澄清方法

预估时间

如果没有彼此认可的时间限制，完成任务就如同一张空头支票。这一步的目的既是为了确认下级头脑中是否已有完成任务的计划，也是为了确定任务的截止时间，便于后续就工作任务实施检查和评估。

提供资源

如果上级和下级都不清楚完成任务所需的资源，或上级不愿意给下级提供这些资源，那么这项工作任务大概率会走向失败。这里的资源包括财务资源、人力资源等。

小贴士

实战应用时，并不是每一项待布置的工作都需要遵循这 6 个步骤。这 6 个步骤中包含了布置工作任务过程中的关键要素，是一种比较全面的方法。当任务复杂且重要时，建议采取这种方法布置工作任务；当任务不复杂时，可以根据场景，选择其中的部分要素。关键是把工作任务需要传达的信息在上下级之间明确清楚，并达成信息对称。

5.1.2　听取汇报增加信息互通

问题场景

1 我经常听员工们抱怨，说我平时嫌他们不汇报，当他们要汇报的时候又说太忙没时间听他们汇报。

2 你这样是不行的，既然前面布置了工作，就应该抽出时间来听员工的汇报。

3 可我有时候确实没有时间啊。

4 这种情况可以提前做好时间规划，让员工在固定的时间，做阶段性汇报，而非突发的、临时的汇报。

5 阶段性汇报？是每隔一段时间听一次员工的工作汇报吗？

6 可以这么理解。阶段性汇报的重点，是让员工的工作汇报有规律、有计划，和你同频。

问题拆解

　　下级针对工作向上级做汇报是上下级之间就工作进度做交流沟通的好机会。然而，有时候下级想向上级汇报工作，上级却没时间；有时候上级想听下级汇报工作，下级手头恰好又有比较紧急的工作要处理，上下级之间就工作汇报问题不同频。这种问题可以采取固定时间和频率的阶段性汇报的方式来解决。

方法工具

工具介绍

阶段性工作汇报

团队管理者和员工可以就布置工作的进展情况，约定几个员工阶段性汇报的时间。这个时间最好具有一定的规律性和计划性，例如，约定每周一、周三、周五的 9:30 ～ 11:30，员工向团队管理者做工作汇报。

对某项特定工作，可以约定特定的工作汇报时间。比如，对于 A 工作，团队管理者和员工约定在每周三上午 10:00 讨论工作进展情况。

阶段性工作汇报的 3 点注意事项

在向员工布置工作时，对布置的每一项工作，和员工一起确定工作进展过程中员工阶段性汇报的时间。

每项工作

把握节奏

相对固定

对需要阶段性汇报的工作，团队管理者要把握工作汇报的节奏和整个项目的进度，不要被动等候员工的汇报。

团队管理者和员工约定的汇报时间最好相对固定，保证彼此双方都能提前准备，确保工作汇报的质量。

应用解析

听取汇报的 6 个步骤

听取汇报的过程中，要多听少说，最好不要打断。如果觉得工作方向或方法有偏差，先记录下来，在结束后再说出意见，和员工一起讨论。

和员工一起查找工作异常。对工作中的异常要尊重事实和数据，就事论事，不要凭感觉判断，不要做无谓的争论。注意措辞，不要用一些极端字眼否定员工。

就员工主动的工作汇报行为称赞员工。称赞员工工作汇报本身的时候，不要刻意，不要每次都以相同的方式称赞，也不需要每一次都称赞。

和员工一起制订下一步工作计划。在这个环节要明确具体的完成时间、具体的改进事项、计划中各方的责任、计划跟进的方式等。如果有必要，可以形成书面文件。

② 听取汇报

③ 查找异常

① 首先点赞

④ 制订计划

⑥ 点赞收场

⑤ 约定下次

称赞员工的工作成果。不论员工有多少不足，结尾都要落在积极的方面，要让员工感受到信心、期许、力量和希望，以正能量收场。

和员工约定下次工作汇报的时间时，可以根据制订的工作计划中的跟踪时间，做好备忘，持续跟进。

小贴士

　　听取工作汇报的整个过程要围绕当初设定的目标展开，如果情况变化、目标发生变化，应按当前最新的标准评价。听取工作汇报时，除了明确当前工作进度、评价工作质量外，还可以借机培养员工的思维和能力。团队管理者要表现出对员工的关心，不能总以问责的态度对待员工。不能只盯着工作任务本身，员工在过程中获得的成长和提高同样非常重要。

5.2　工作授权

　　有的团队管理者喜欢大包大揽，不能容忍下属的小错误，不懂得工作授权，员工没有机会接触有挑战性的工作，常出现团队管理者工作劳累，员工却得不到成长、没有机会帮团队管理者分担的情况。有效的工作授权，包括确定授权工作、寻找适合授权的人才和控制授权工作 3 个环节。

5.2.1 区分找出授权工作

问题场景

1 我每天工作好劳累啊，起得早、睡得晚，有时候我挺羡慕员工的，员工们每天工作很惬意。

2 这种状态其实是不正常的，你应该试着把自己的工作授权给员工来做。

3 如果能把我的工作全部授权给员工做就好了，这样我就轻松了。

4 授权不是什么工作都授权，要有目的、有选择地授权。

5 什么样的工作适合授权呢？

6 判断一项工作如果授权给员工的话，能否做得更好，用时更少，成本更低，或能否令员工成长。

问题拆解

　　工作授权并不是想当然地把占用自己时间最多的工作授权给员工，也不是把一些没有价值的工作抛给员工，让员工替自己工作。而是团队管理者在综合评估自己的工作内容后，查找适合授权的工作和适合授权的人选，再考虑接下来的授权。

方法工具

工具介绍

工作授权前的评估

工作授权是团队管理者应掌握的技能之一。通过工作授权，不仅能节省团队管理者的时间，让员工成长，还可以让工作得到更好的落实。但并非每项工作都适合被授权，团队管理者在做工作授权前，需要做两方面的评估：

（1）评估目前手头都有哪些工作内容，以及这些工作占用的时间。

（2）评估这些工作内容如果授权给下属，是否能提高工作完成的价值或者让下属成长。

授权前工作评估样表

评估工作内容应当包括手头所有工作，不要在评估一开始就抱着某项工作不适合授权的想法而不做考虑。

如果某一项或某几项变好时，要注意其他几项是否变差。对变好和变差的情况综合评估后，确定该工作是否适合被授权。

我职权范围内的工作		如果授权给员工是否能够			
工作内容	占用时间	做得更好	用时更少	成本更低	令其成长
A	X分钟/天	√			√
B	Y分钟/天			√	√
C	Z分钟/天	√		√	
D	W分钟/天		√		

应用解析

工作授权程度分级参考

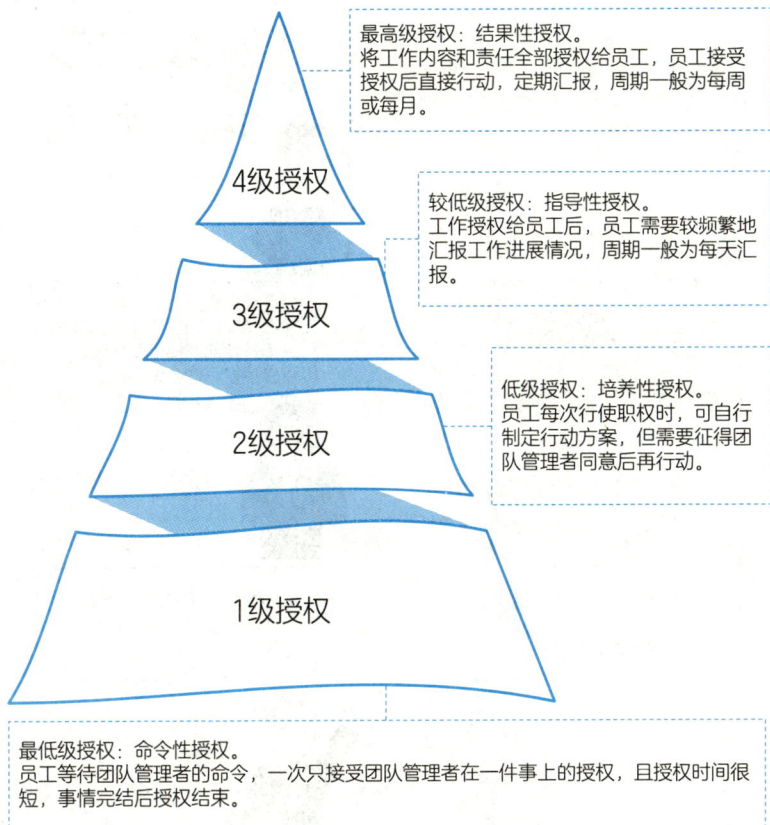

4级授权

最高级授权：结果性授权。
将工作内容和责任全部授权给员工，员工接受授权后直接行动，定期汇报，周期一般为每周或每月。

3级授权

较低级授权：指导性授权。
工作授权给员工后，员工需要较频繁地汇报工作进展情况，周期一般为每天汇报。

2级授权

低级授权：培养性授权。
员工每次行使职权时，可自行制定行动方案，但需要征得团队管理者同意后再行动。

1级授权

最低级授权：命令性授权。
员工等待团队管理者的命令，一次只接受团队管理者在一件事上的授权，且授权时间很短，事情完结后授权结束。

小贴士

　　不同的团队可以根据实际情况制定自己特有的授权等级规则。根据授权工作不同，当团队管理者对员工进行授权时，可以根据授权的不同程度有所选择；也可以根据授权对象，由较低级别的授权开始，随着员工能力成长，逐级向上提高授权级别。

5.2.2　评估盘点授权对象

🔒 问题场景

1　找到了适合授权的工作后，就可以做好工作授权了。

2　并不是所有人才都适合被授权，实施工作授权前，要盘点适合授权工作的人才。

3　也对，那盘点出适合被授权的人才之后，就可以直接授权了吧。

4　适合被授权的人才只是团队管理者单向认为的适合，人才本人不一定愿意接受工作授权，直接授权可能会出问题。

5　确实如此，我有时候想给员工授权工作，可员工却不接受。这种情况该怎么办呢？

6　这种情况还要与人才沟通，让其理解授权的意义，愿意接受工作授权。

问题拆解

　　有的人才适合团队管理者做工作授权，有的人才则不适合。团队管理者实施工作授权前，应做好授权人才盘点，找到适合授权的人才。另外，适合工作授权的人才本人不一定愿意被授权，团队管理者还应与人才做好工作授权的沟通，让其乐于接受工作授权。

方法工具

工具介绍

适合授权的人才

一般来说，工作态度积极、能力比较强，有晋升潜力的员工适合被授权比较重要的工作。团队管理者甚至可以把这类员工作为自己的接班人来培养。

工作态度好，但是能力比较差的员工，可以尝试授权部分工作，通过这种授权，培养其能力。

工作态度差，工作能力强的下属，同样可以尝试部分授权，通过授权，增加其责任感和参与感。

适合授权的人才盘点

在授权前，需要和被授权工作的下属做充分的交流沟通，目的主要有3个：
（1）判断下属是否愿意接受工作授权，如果不愿意接受，相互交流意见。
（2）告知下属要做好授权工作，需要了解的全部相关信息。
（3）为了下属更好地开展工作，做更多的信息交换。

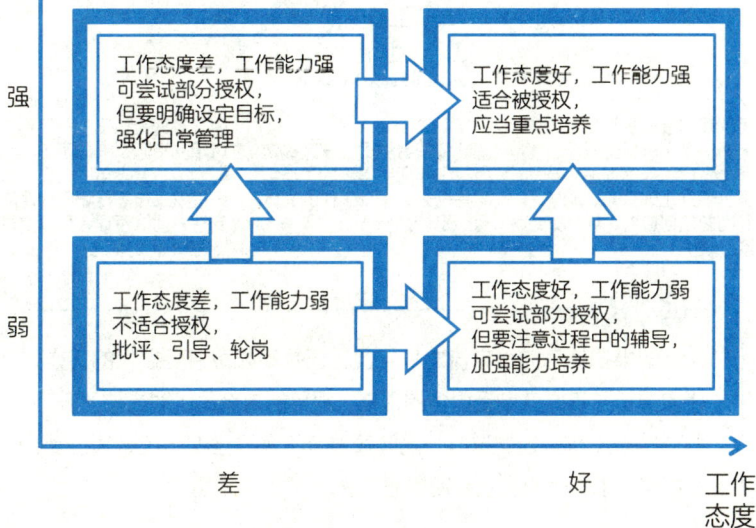

工作能力 ↑

强

工作态度差，工作能力强
可尝试部分授权，
但要明确设定目标，
强化日常管理

工作态度好，工作能力强
适合被授权，
应当重点培养

弱

工作态度差，工作能力弱
不适合授权，
批评、引导、轮岗

工作态度好，工作能力弱
可尝试部分授权，
但要注意过程中的辅导，
加强能力培养

差　　　　　　　好　　工作态度

应用解析

工作授权面谈的 6 个重点

团队管理者明确告知员工授权工作对团队的意义和对员工本人的好处，让员工愿意接受工作授权。

团队管理者应当和员工一起制订工作计划。确定授权工作将会按照怎样的计划开展实施，如何进行过程管控。

团队管理者和员工确定通过什么样的评价方法评判授权工作的完成质量，什么标准代表好、什么标准代表差，刚开始可以比预期慢一点，质量比速度更重要。

- 计划进度
- 得到好处
- 评价方式
- 如何应变
- 可用资源
- 工作目标

团队管理者要多与员工双向沟通，多了解员工疑虑，澄清员工对工作的误解，帮助员工建立正确认知。明确遇到问题如何应对，如何处理紧急情况。

团队管理者和员工一起确认授权工作期望得到的工作结果是什么，授权工作的具体目标是什么。

团队管理者和员工一起盘点可用的资源，考虑员工当前能力，不要拔苗助长。要做好授权工作需要哪些资源的支持，团队管理者可以提供哪些资源支持。

小贴士

如果在信息充分交流之后，员工还是不愿意接受授权的工作，代表员工并不愿意接受更多的责任，很可能这个员工对岗位晋升和职业发展没有兴趣。这时，团队管理者不需要强迫员工必须接受，可以寻找下一个愿意接受授权的人选。

5.2.3　授权控制保障成果

问题场景

1 其实我之前也想过要授权一部分工作，可是我怕把工作授权出去之后，工作就变了味，所以一直没实施授权。

2 工作授权不代表放手不管，即使对待自己最信任的员工，在工作授权之后，也要做必要的过程控制。

3 怎么做过程管控呢？

4 除了等待下属主动的定期汇报外，还要抽查。抽查的频率可以定期，也可以不定期。抽查时要关注过程。

5 也就是既要知其然，也要知其所以然对吧？

6 是的，可以这么理解。工作授权的关键不是员工把所有的事都做正确，而是员工一直在按正确的方式做事。

问题拆解

　　工作授权不是让团队管理者成为一个"甩手掌柜"，如果授权后不管不问，很可能会出问题。即使对待自己最信任的下属，在向其授权工作后，也要做必要的过程控制，实施必要的检查。检查，不代表对员工不信任，反而代表对员工信任，而且越检查，越信任。

方法工具

工具介绍

工作授权检查

工作授权不代表放手不管，团队管理者对授权工作的进度情况，要做必要的过程管控。检查就是一种比较好的过程监控方式。检查可以定期，也可以不定期。

工作授权过程中检查的关键是员工是否按正确的方式做事。只要员工按正确的方式做事，哪怕阶段性成果有问题，也不应苛责员工；可如果员工没按照正确的方式做事，哪怕阶段性成果达到预期，也应及时纠偏或指正员工的思路或行为，甚至在必要时，暂停或降级对员工的授权。

工作授权过程中检查的 4 种情况

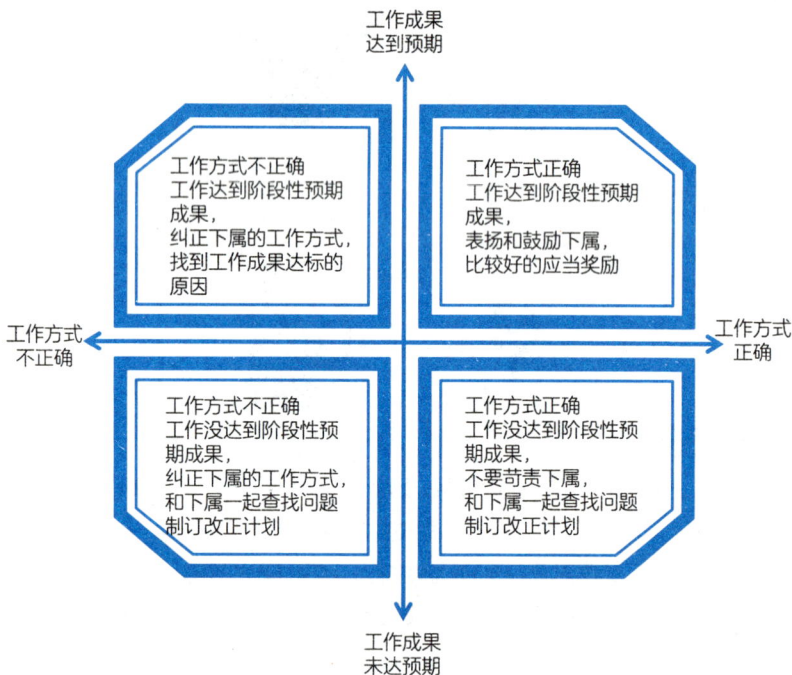

工作成果
达到预期

工作方式不正确
工作达到阶段性预期成果，
纠正下属的工作方式，找到工作成果达标的原因

工作方式正确
工作达到阶段性预期成果，
表扬和鼓励下属，比较好的应当奖励

工作方式
不正确 ← → 工作方式
正确

工作方式不正确
工作没达到阶段性预期成果，
纠正下属的工作方式，和下属一起查找问题制订改正计划

工作方式正确
工作没达到阶段性预期成果，
不要苛责下属，和下属一起查找问题制订改正计划

工作成果
未达预期

应用解析

常见授权失败的 4 种类型

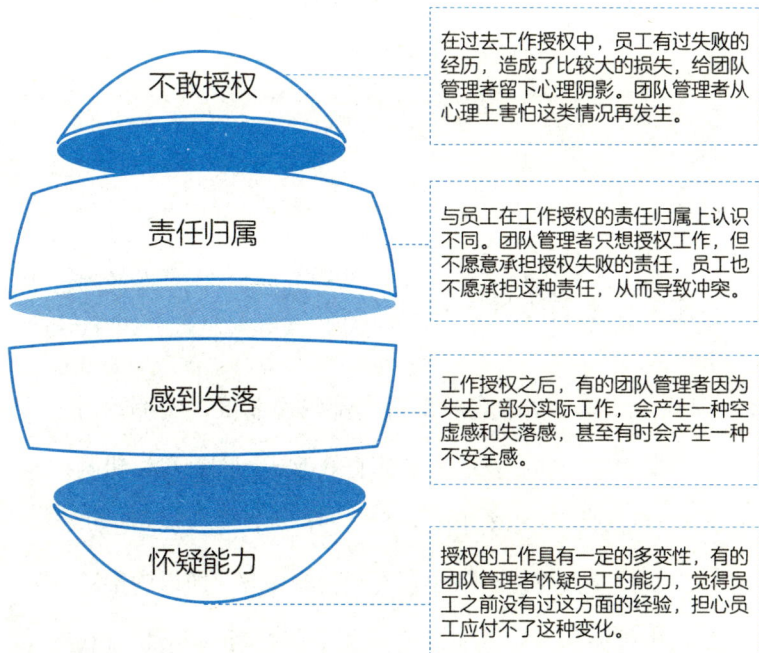

不敢授权

在过去工作授权中，员工有过失败的经历，造成了比较大的损失，给团队管理者留下心理阴影。团队管理者从心理上害怕这类情况再发生。

责任归属

与员工在工作授权的责任归属上认识不同。团队管理者只想授权工作，但不愿意承担授权失败的责任，员工也不愿承担这种责任，从而导致冲突。

感到失落

工作授权之后，有的团队管理者因为失去了部分实际工作，会产生一种空虚感和失落感，甚至有时会产生一种不安全感。

怀疑能力

授权的工作具有一定的多变性，有的团队管理者怀疑员工的能力，觉得员工之前没有过这方面的经验，担心员工应付不了这种变化。

小贴士

团队管理者对授权的认识和心态在很大程度上决定了授权能否发挥作用。

对于不愿意授权的团队管理者，可以从如下方面入手：

（1）工作授权不一定要授权大事，可以先从小事开始。由小到大，在尝试中开始，在总结中进步。

（2）提前规范授权的权责划分和授权限度，提前设计规则，丑话说在前。

（3）可以把工作授权与员工的职业发展和个人成长联系在一起，既对团队有利，又对员工个人有利。

5.3　工作轮岗

很多成功的企业都有内部轮岗制度，内部轮岗是发现、培养和发展人才的有效方式。内部轮岗机制能够促进团队和员工的双赢：通过内部轮岗，员工可以获得能力成长、职业发展和薪酬提升，所以内部轮岗也是一种人才激励方式；团队可以借助轮岗机制获得期望的人才，达成战略目标。

5.3.1 轮岗机制增强复合能力

问题场景

1. 团队里有些员工在工作几年后，感觉每天都在重复劳动，没有提升，于是渐渐浑浑噩噩，得过且过。

2. 也许你可以适当做出些改变，给员工"奔头"，让员工"动起来"。

3. 怎么改变呢？团队里也没有那么多岗位可以供员工晋升啊。

4. 员工晋升除了晋升调动外，还有平行调动，也就是轮岗。

5. 轮岗？这是个好办法。我需要把轮岗固化下来，变成一种制度吗？

6. 轮岗应当成为一种机制，通过轮岗激活团队，培养员工的复合能力。

问题拆解

　　团队中的岗位变化不只晋升调动，还有轮岗平行调动。轮岗可以打破员工的安逸，激活团队的活力。团队在实施员工轮岗时，可以先制定员工轮岗制度，即对员工轮岗安排的约定。

方法工具

工具介绍

轮岗机制

　　员工轮岗既有助于激活团队活力，又有助于培养复合型人才。轮岗还可以让员工更多地了解不同岗位，增强员工的同理心。轮岗机制做得好的团队，员工的敬业度和绩效水平也相对较高。

　　轮岗的对象非常灵活，可以是高潜质的接班人，可以是关键岗位的员工，可以是全体干部，也可以是全体员工。具体范围可以视团队需要确定。

轮岗机制的 4 个关键

轮岗周期

轮岗周期可以根据岗位特点设计，一般岗位层级越高、门槛越高、专业程度越高，轮岗周期应越长；岗位层级越低、门槛越低、专业程度越低，轮岗周期越短。对于高层岗位或关键敏感岗位，可以每3~5年轮岗一次。

轮岗流程

员工轮岗要形成制度，规定轮岗的具体流程，包括团队中哪些人应当轮岗，轮岗的条件是什么，轮岗前需要做什么，轮岗由谁来发起，谁来执行，谁来监控，谁来评估。

晋升关联

实务中很多成功的公司规定：所有晋升为管理干部的员工，必须经过某些岗位的轮岗，或必须轮岗过一定数量的岗位。这样规定有助于保证管理者的综合能力。这种与晋升相关联的轮岗机制值得借鉴。

轮岗管理

员工轮岗到新岗位后，应受新岗位管理者的考核与管理。轮岗开始前，员工需要和新岗位管理者一起做新岗位上的工作计划。轮岗结束后，员工应当做轮岗后的阶段性总结报告，总结能力成长情况和自身的不足。

应用解析

员工轮岗成长的 3 个阶段

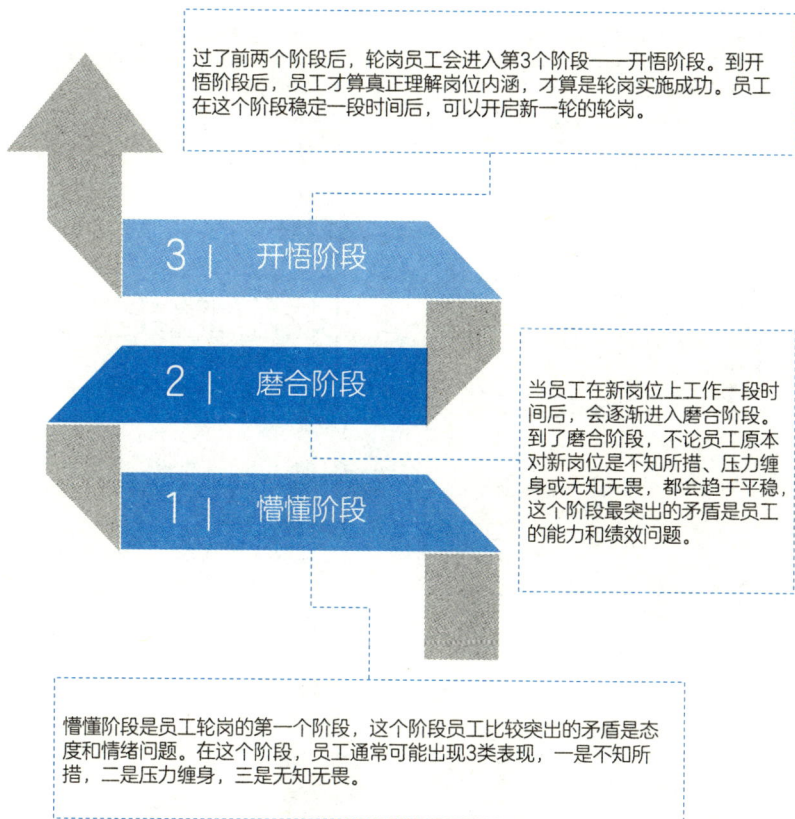

过了前两个阶段后，轮岗员工会进入第3个阶段——开悟阶段。到开悟阶段后，员工才算真正理解岗位内涵，才算是轮岗实施成功。员工在这个阶段稳定一段时间后，可以开启新一轮的轮岗。

3 | 开悟阶段

2 | 磨合阶段

1 | 懵懂阶段

当员工在新岗位上工作一段时间后，会逐渐进入磨合阶段。到了磨合阶段，不论员工原本对新岗位是不知所措、压力缠身或无知无畏，都会趋于平稳，这个阶段最突出的矛盾是员工的能力和绩效问题。

懵懂阶段是员工轮岗的第一个阶段，这个阶段员工比较突出的矛盾是态度和情绪问题。在这个阶段，员工通常可能出现3类表现，一是不知所措，二是压力缠身，三是无知无畏。

小贴士

磨合阶段是员工轮岗后面临挑战的真正开始，员工会真正体会到新岗位的特点，体会到自己原本没有想到的问题，可能会发现很多因素不受自己控制，自己当前的岗位并不是仅靠一腔热血就能做好的，很多事情并不像自己想象的那么简单。

5.3.2 轮岗沟通做好转换准备

问题场景

1 我们团队一开始尝试轮岗时，员工们情绪上很排斥，甚至出现了消极怠工。

2 正常，毕竟很多员工喜欢待在舒适区，轮岗会迫使员工做出某些改变，学习新知识。

3 这不是好事吗？为什么要排斥呢？

4 不是每个人都喜欢改变和学习，安逸的工作会让很多员工越来越贪恋舒适区。

5 那我该怎么办呢？

6 实施轮岗前，要做好员工轮岗前的沟通，让员工欣然接受轮岗。

问题拆解

轮岗后相当于到了一个自己不熟悉的环境，需要做自己不熟悉的工作，很多员工有情绪是正常的。很多团队的员工轮岗最终以失败告终，原因是没有做好轮岗员工的心态调整和能力培养。要保证轮岗成功，确保轮岗员工能力持续成长，实施轮岗前，团队管理者应当做好员工轮岗前的沟通。

方法工具

工具介绍

轮岗沟通

有的员工因为长期从事某岗位，不愿意接受轮岗，认为轮岗工作是一种挑战。如果团队管理者没有在员工轮岗前与员工做好充分的沟通，员工会对轮岗抱有较大的负面情绪，会让团队管理者无法达到轮岗机制的预期效果。

要保证内部轮岗成功，在实施轮岗前，公司要与员工做好沟通，主要从 4 个维度沟通，分别是轮岗员工的意见、员工的职业规划、轮岗的工作计划和轮岗的目的意义。

轮岗沟通的 4 个维度

团队管理者要询问轮岗员工对轮岗工作的意见或建议，听取轮岗员工的想法后，对轮岗的部分安排做出合理调整。

轮岗是团队的安排，但员工有对自己职业的想法。团队管理者应尊重轮岗员工的职业规划，让轮岗安排与员工的职业规划相匹配，帮助员工实现职业发展的目标。

轮岗员工意见

员工职业规划

轮岗工作计划

轮岗目的意义

轮岗员工应制订轮岗后的工作计划，在轮岗沟通环节应当明确工作计划的内容。工作计划中不仅要包括从事岗位的行动计划，还要包括岗位的工作目标、考核安排等。

轮岗员工对轮岗活动的理解程度决定了其接受程度，也决定了轮岗的质量。团队管理者要让员工理解轮岗的目的和意义，同时切实为员工的轮岗提供环境或资源支持。

应用解析

保障轮岗成功的 4 个关键

要保证员工轮岗成功，导师的作用不容忽视。导师能发现员工轮岗过程中的问题，及时帮员工调整工作态度，增强员工能力。

上级要定期关心轮岗员工，定期做轮岗员工访谈，定期监督、检查和评估轮岗员工导师对轮岗员工的培养情况以及轮岗员工在新岗位上的工作成果。

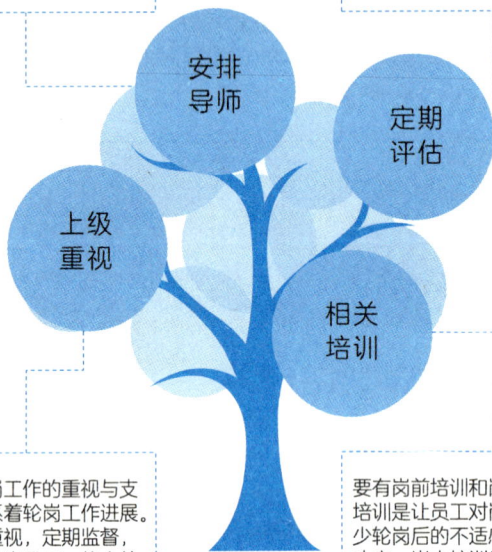

安排
导师

定期
评估

上级
重视

相关
培训

高层对轮岗工作的重视与支持程度关系着轮岗工作进展。上级领导重视，定期监督，定期帮助轮岗员工，将会给轮岗员工极大的信心。

要有岗前培训和岗中培训。岗前培训是让员工对岗位有了解，减少轮岗后的不适感，提高轮岗成功率。岗中培训是让员工在岗位上不断提升能力，增强适应性。

小贴士

　　掌握员工在轮岗 3 个阶段的不同特点，有助于团队管理者帮助员工调整心态，更好地实现轮岗。轮岗后的融合不仅包括轮岗员工与工作内容本身的磨合，还包括与团队内部同事间的磨合。工作事务的磨合时间有可能比较短，但与人之间的磨合却需要沟通和一定时间的积累，很难一蹴而就。

5.3.3　轮岗交接保障运行落地

问题场景

1. 我们团队之前也实施过轮岗，可总是搞得手忙脚乱，影响团队的正常工作。

2. 为什么会手忙脚乱呢？

3. 因为员工到了新岗位后不熟悉，很多工作不清楚，造成了混乱。

4. 那应该是轮岗交接工作没有做好。

5. 看起来似乎是这样，真的要做好轮岗交接工作。

6. 轮岗交接工作做不好，也从侧面反映出团队岗位工作的标准化没有做好。可能是在岗员工对岗位的认知不够。

问题拆解

　　轮岗机制不仅是有没有的问题，还有如何保障的问题。有的团队虽然有轮岗机制，但无法保障轮岗时的工作交接，造成轮岗影响了团队的正常工作。要改变这种情况，应做好团队轮岗的工作交接。

方法工具

工具介绍

轮岗工作交接

轮岗工作交接是岗位轮换必备的工作之一。轮岗工作交接如果不到位，很可能造成内部轮岗以失败告终，不仅不会起到轮岗预期的效果，而且会造成公司效率和效益降低。

轮岗工作交接能否顺利进行，也和员工对岗位的认知有关，如果在岗员工并不能清楚地盘点出自身岗位的职责、内容、资源等，不能清晰认识到岗位创造的价值，则可能做不好岗位工作交接。

轮岗工作交接的 3 个部分

物品交接指的是岗位生产资料的交接，包括岗位需要用到的所有工作设备、办公用品、电子文档等。

物品交接

资源交接

工作交接

资源交接指的是与工作岗位相关资源的交接，包括专利资源、供应商资源、客户资源、贷款资源、物流资源等。

工作交接指的是岗位职责、工作内容的交接，包括当前工作的进度、阶段性成果、工作目标、职责完成情况、工作分配情况、团队协作情况等。

应用解析

内部兼职机制的 4 个关键

为提升员工的综合素质与能力，让员工实现一岗多能、一岗多职，强化员工对不同部门或岗位的认知，为关键岗位储备人才，团队可以对部分岗位实施内部兼职机制。

被定位为兼职人员的员工应当承担兼职岗位的责任，参与兼职部门的具体业务，在兼职岗位的工作业务上受兼职部门管理者的领导。这就要求兼职人员在一段时期内，必须有能力同时承担两个岗位的职责，完成两个岗位的任务。

内部兼职机制的时间周期不能过长或过短。如果一名兼职人员能够长期稳定地兼职另一个岗位，并且两个岗位的职责都能完成出色，说明这两个岗位有合并的可能性。如果兼职人员兼职岗位的时间过短，则达不到兼职机制的目的。

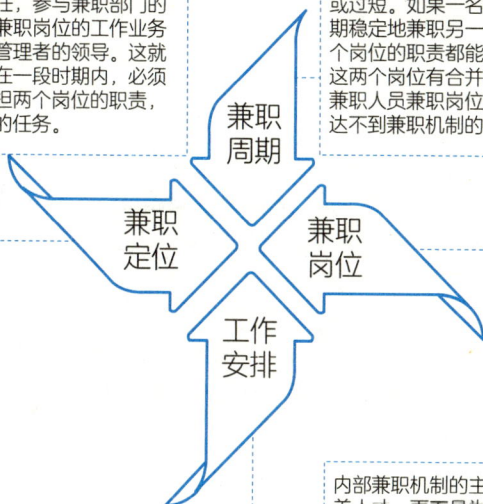

兼职周期

兼职定位

兼职岗位

工作安排

从事兼职岗位的员工，人员关系应隶属于原岗位，在薪酬或福利上可以有适度提升。团队管理者要定义好兼职员工在不同部门或岗位上的权、责、利。

内部兼职机制的主要目的是为了培养人才，而不是为了缩减员工编制，所以兼职员工从事的岗位应当与兼职员工当前岗位有所区别，应当是跨部门兼职。兼职岗位可以考虑设置为某关键岗位的副职或助理等类型的岗位。

小贴士

内部兼职机制是轮岗机制的一种变化，不仅能够达到轮岗的效果，还能在一定程度上降低人力成本。内部兼职机制有助于促进团队的人才流动，适合团队中的各类管理岗位和技术岗位。当未来公司发展需要人才时，可以优先考虑内部兼职岗位的人才。人员调配时需要注意，不能影响人才所在部门的正常工作。

06

精准辅导人才

 本章背景

1 员工的工作总是出现各种不可预料的问题，想想都头疼。

2 不能一味要求员工，还要注意做好员工辅导。

NO!

3 辅导啊，这个我懂，不就是人才培养、员工培训吗？我们平时也有。

4 辅导不等于人才培养，也不等于员工培训，它们的定位是不同的。

5 有什么不同呢？

6 辅导更倾向于团队管理者平时对员工工作的指导或改进，是随时随地发生的。

背景介绍

辅导指的是团队管理者就员工当前工作的开展情况，与员工讨论工作的质量，帮助员工发现可能存在的问题和障碍，与员工一起制定方案、解决问题的过程，是管理者与员工一起达成目标和计划的重要方式。

6.1　辅导的价值作用

　　团队管理者通过监控员工的绩效水平，不断给员工提出反馈意见，不断对员工实施辅导，能够保证员工持续达到工作标准和团队管理者的要求。通过辅导员工，保证员工承担责任，让员工不断达成高绩效。

6.1.1 员工辅导应用价值逻辑

🔒 问题场景

① 我团队里有很多新员工刚入职时很努力，一段时间里工作表现越来越好，但再过一段时间后表现却越来越差了。

② 这可能与团队的员工辅导做得不到位有关。

③ 是吗？我一直以为这只是人之常情。每个人工作一段时间后都会有所懈怠。

④ 如果放任员工不管，确实如此，可如果持续对员工实施辅导，能有效改善这种情况。

⑤ 辅导主要是针对员工的知识或能力吗？

⑥ 针对员工的知识或能力只是辅导的一部分，员工辅导应当包括影响员工达成高绩效的方方面面。

问题拆解

　　员工辅导不仅是提高员工知识或技能的方式，还是保证员工持续表现优异的管理手段。员工辅导是团队管理者必备的一项技能。如果团队管理者不懂如何有效辅导员工，员工的绩效水平可能会逐渐降低。

方法工具

工具介绍

员工辅导的作用

实施员工辅导能够确保团队管理者与员工之间就员工绩效达成情况保持沟通，保证员工始终明确企业、部门的目标或方向，特别是当企业、部门的战略目标或工作重点发生调整或变化时。通过员工辅导，员工可以及时发现自身问题，找到方法，持续保持高绩效。

员工辅导作用图示

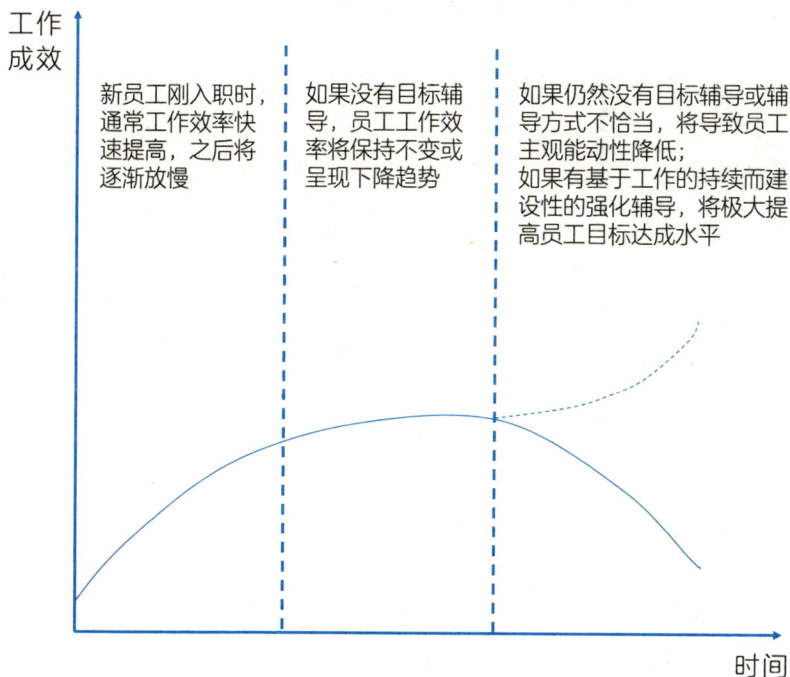

工作成效

新员工刚入职时，通常工作效率快速提高，之后将逐渐放慢

如果没有目标辅导，员工工作效率将保持不变或呈现下降趋势

如果仍然没有目标辅导或辅导方式不恰当，将导致员工主观能动性降低；
如果有基于工作的持续而建设性的强化辅导，将极大提高员工目标达成水平

时间

应用解析

目标辅导给管理者提供的价值

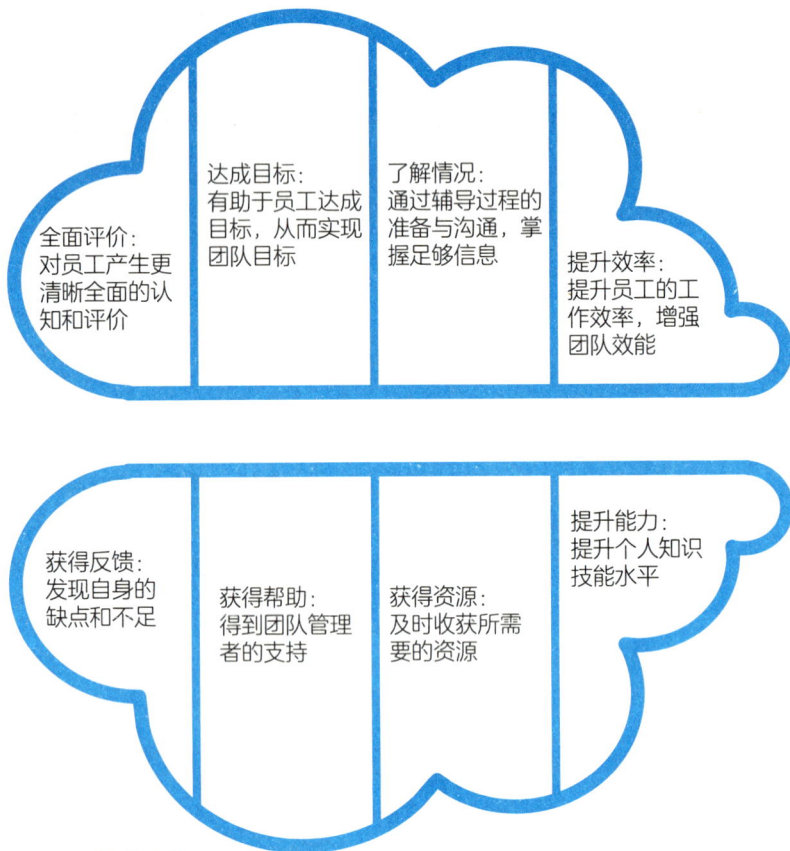

全面评价：
对员工产生更清晰全面的认知和评价

达成目标：
有助于员工达成目标，从而实现团队目标

了解情况：
通过辅导过程的准备与沟通，掌握足够信息

提升效率：
提升员工的工作效率，增强团队效能

获得反馈：
发现自身的缺点和不足

获得帮助：
得到团队管理者的支持

获得资源：
及时收获所需要的资源

提升能力：
提升个人知识技能水平

小贴士

员工辅导对团队管理者和员工双方都有益处。团队的工作目标需要员工来实现，团队管理者对员工的辅导实际上也是为了保证团队目标得以实现，是团队管理者为实现团队目标而做的必要"投资"。所以员工辅导既是团队管理者的必备技能，也是团队管理者的必要工作。

6.1.2 角色分工保障辅导实施

问题场景

1 我们的团队管理者真要好好学学如何教导员工，不然的话做不好员工辅导。

2 教导员工的工作教练只是团队管理者做辅导的角色之一，除此之外还要有其他角色。

3 那团队管理者在辅导中应该扮演什么角色呢?

4 对于不同的员工，团队管理者在辅导中的角色是不同的。

5 就是要因材施教是吧?

6 没错，团队管理者应根据员工的情况，调整自己的角色，给员工有针对性的辅导。

问题拆解

　　团队管理者在员工辅导中不仅承担着工作教练的角色，还有其他的角色。员工辅导的目的是提升员工绩效，凡是有助于提升绩效的事，都可以作为员工辅导中的落脚点。团队管理者也要在该落脚点上展现出相应的角色。

方法工具

工具介绍

团队管理者在辅导中的 4 类典型角色

在员工辅导过程中，根据团队管理者为员工提供支持的类型不同，可以把辅导分成 4 类。

（1）为员工提供知识技能方面的支持。

（2）为员工提供人生指导方面的支持。

（3）为员工提供矫正行为方面的支持。

（4）为员工提供职权、人力、物力、财力等资源方面的支持。

团队管理者的这 4 类支持在员工辅导中对应的角色分别是工作教练、人生导师、合作伙伴、资源支持。

团队管理者在辅导中的 4 类典型角色

当员工出现目标上的偏差时，团队管理者应帮助其及时纠正。纠正以启发为主、培训为辅，启发员工的思路，教会员工知识，锻炼员工技能。团队管理者可以成为员工的职业导师，帮助员工判断方向是否正确、方法是否得当、方式是否合理。

有的员工在工作上的迷茫来自生活面临抉择，有的员工绩效差可能源于家庭生活不和谐，有的员工在工作上懈怠可能是因为人生遭遇困难。团队管理者如果能给员工一些人生指导，将有助于员工达成绩效。

工作教练

资源支持

人生导师

合作伙伴

员工在某方面可能有资源需求，而这些资源又是完成工作必需的。团队管理者应帮助员工协调并获得开展工作所必需的资源，协助其完成工作任务。整个过程中，团队管理者和员工间应加强沟通，做好工作衔接，排解工作困难。

如果员工能够很好地履行岗位职责，能按计划和目标有条不紊地开展工作，团队管理者应放权或放手让员工进行自我管理。如果员工遇到难题需要团队管理者协助解决，团队管理者应当与员工并肩解决。

应用解析

员工在辅导中的四大职责

当员工的工作出现问题时，应主动向团队管理者寻求帮助。在日常工作中，员工应定期向团队管理者反馈自身工作情况。

员工要配合管理者，积极参与到辅导的沟通过程中。辅导过程中也要积极表达，与团队管理者交换信息，减少信息不对称。

参与沟通

要求辅导

客观分析

形成计划

员工要和团队管理者沟通下一步的工作目标，和团队管理者一起完善个人的工作计划和职业发展计划。

员工要客观分析自身的工作成果、遇到的困难和资源需求情况。分析的过程要中立，既不能高估，也不必低估自身情况。

小贴士

员工在辅导的过程中同样承担着一定的职责，毕竟员工是工作实施的主体，是绩效改善的主要实施人，员工在辅导工作中的表现，同样是辅导工作能否有效实施的关键。员工在辅导工作中的主要职责是完成工作，实现最佳的绩效目标。

6.1.3 时机形式强化辅导效果

问题场景

1 看起来我以后要在员工开始工作前，就好好对员工做辅导。在员工完成工作后，再做辅导评价。

2 你这样做是非常对的，不过辅导不仅限于员工开展工作前和完成工作后。

3 还有什么时候需要做员工辅导呢？

4 事实上，员工辅导应当覆盖员工日常工作的全过程，不仅要"按时"进行，还要"按需"进行。

5 "按时"我明白，"按需"是什么意思？如何判断需要呢？

6 辅导是为了达成绩效目标，"需"就是达成绩效目标的需要，只要是能影响员工达成目标的事，都值得被辅导。

问题拆解

辅导不应仅仅出现在员工开始工作前或完成工作后，而应当贯穿员工开展工作的全过程。在员工辅导的整个过程中，团队管理者的作用就是帮助员工最大化发挥个人潜能，达到工作目标。所以员工辅导既要"按时"进行，也要"按需"进行。

方法工具

工具介绍

员工辅导的时机

　　员工辅导应当定期进行，一般每周至少要实施一次员工辅导。员工辅导要分阶段进行，在员工开展工作前、进行工作中和完成工作后都应实施辅导；员工辅导还应按需进行，当员工需要辅导时，及时对员工实施辅导。

按需辅导的 4 类时机

当团队管理者认为员工采取其他办法能够更好地完成绩效目标，而员工目前还没有意识到这个问题或没有掌握这种方法时。

当员工被安排从事一项重大的或非同寻常的工作任务，或者这项工作任务具备比较大的困难或挑战时。

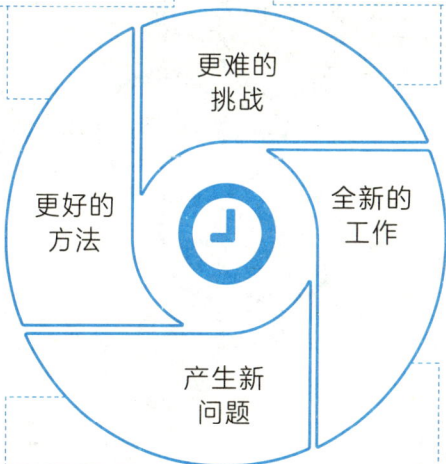

更难的挑战

更好的方法

全新的工作

产生新问题

当员工遇到预料不到的新问题时，或员工在工作中临时出现某类问题，不知道如何应对，或知道如何应对，需要资源支持时。

当员工面临崭新的职业发展机会，正在学习新技能时；或者员工刚开始接触新的工作，没有完全掌握新工作时。

应用解析

团队管理者在辅导中的 8 个策略

团队管理者为员工绩效改善而进行的沟通或交流

沟通交流

技能传授
团队管理者为员工提供的学习、培训等技能成长机会

团队管理者对员工目标的讨论和关键工作计划的安排与修改

目标安排

总结评价
团队管理者定期就员工的工作成果做的工作总结与评估

团队管理者对员工表现出的有效行为做出肯定和鼓励

员工激励

行为纠偏
团队管理者对员工表现出的无效行为做出否定和纠正

团队管理者与员工就工作请求、想法或资源协助做讨论

资源探讨

紧急处理
团队管理者就员工工作中出现突发事件的紧急处理

小贴士

辅导可以被简单地定义为在员工管理过程中，团队管理者为让员工达成绩效目标而对员工展开的一切沟通、做出的一切尝试或努力。所以有效的员工辅导往往没有特定的形式，应视情况调整。

6.2　辅导的实施方法

　　实施辅导前，管理者首先要弄清楚员工当前存在问题的原因。员工没有达到预期的原因有很多，有时是因为员工的态度问题，有时是因为员工缺乏经验，有时是因为员工的能力不足，有时是因为员工的情绪问题，有时是因为团队管理者自身没有将工作及时准确地传达给员工。团队管理者只有发现员工存在问题的真实原因，才能有针对性地实施辅导。

6.2.1　3 个阶段保障辅导落地

问题场景

1 我们的团队管理者平时也会对员工做一些辅导，可实施的效果不好。

2 具体问题表现在哪里呢？

3 团队管理者和员工沟通时，总是找不到员工根本的问题在哪里，有不少无效的沟通。

4 这很可能是在辅导的准备环节出了问题，没有事先明确应该辅导什么。

5 不仅如此，还有很多时候，团队管理者辅导完员工某方面问题后，最后却不了了之了。

6 这是在辅导的追踪阶段出了问题，只有辅导，却没有落实。

问题拆解

　　实施辅导前，团队管理者要提前做好辅导的准备，精准发现员工当前工作的主要问题，有方向、有重点地对员工实施辅导；实施辅导后，团队管理者要做好辅导的追踪环节，定期检查和评估员工的工作改善情况。

方法工具

工具介绍

辅导的 3 个阶段

团队管理者对员工实施的辅导可以分成 3 个阶段，分别是准备阶段、沟通阶段和追踪阶段。在员工辅导的 3 个阶段，团队管理者和员工都需要充分参与其中，两者在这 3 个阶段的工作侧重点是不同的。

辅导的 3 个阶段

准备阶段

团队管理者和员工提前就员工的工作任务完成情况、目标达成情况、关键事件执行情况等做信息和数据的收集、分析、整理工作，事先做工作评价、问题查找和情况分析。

沟通阶段

团队管理者和员工就员工当前工作做得好的环节和有问题的环节做沟通交流，彼此阐述各自观点，共同讨论和查找出下一步工作需要持续做好的环节和需要改进的环节。

追踪阶段

团队管理者定期跟进辅导后与员工一起设定的后续目标、工作计划、改善环节等的进展情况。员工应当主动向团队管理者汇报辅导后设定工作的运行情况。

应用解析

辅导 3 个阶段的任务

团队管理者
1. 收集信息，发现员工工作的好与不好
2. 评价员工，分析员工应当改善的工作
3. 提前预演，采取恰当的辅导沟通方式

员工
1. 总结数据，分析自身的工作状态
2. 自我评价，查找不足和聚焦问题点
3. 思考需求，期望自己获得何种帮助

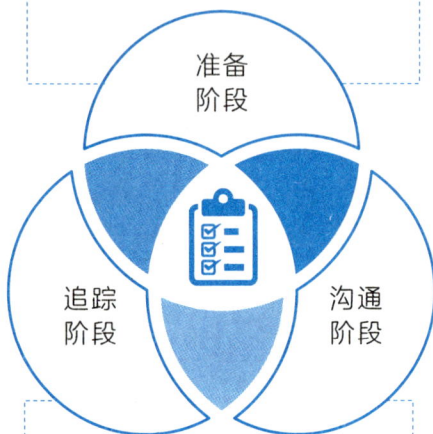

准备
阶段

追踪
阶段

沟通
阶段

团队管理者
1. 追踪结果，看员工的行为是否有调整
2. 定期评估，评估员工行动计划执行情况
3. 持续辅导，为下阶段员工辅导搜集信息
员工
1. 主动汇报，积极反馈工作计划进展情况
2. 评估问题，评估自己工作执行中的问题
3. 思考方案，思考出现问题的原因和方案

团队管理者
1. 目标调整：与员工沟通目标是否需调整
2. 计划制订：与员工一起制订行动计划
3. 给予支持：对员工提供支持和帮助
员工
1. 积极配合：积极参与团队管理者的沟通
2. 承诺行动：制订并承诺下阶段的行动计划
3. 改变行为：总结日常工作中需调整的行为

小贴士

　　辅导的过程是沟通，但辅导不仅是沟通。凡事预则立不预则废，团队管理者不能在没有准备的情况下直接实施员工辅导；有检查才会有结果，如果团队管理者不重视对员工辅导工作的检查与评估，员工更不会重视。

6.2.2 4类人群确保辅导全面

问题场景

1 团队管理者的工作比较忙,辅导可以只对工作中存在问题的员工实施吧?

2 并不是这样,员工辅导不仅要应用在工作中存在问题的员工身上,对全体员工都要实施。

3 全体员工?对那些表现优秀的员工也要实施员工辅导吗?

4 当然需要,当前表现优秀不代表未来还会表现优秀,而且当前的优秀不代表不可以更优秀。

5 所以辅导就是让后进追先进,先进更先进是吧?

6 没错,不过对先进员工的辅导与对后进员工的辅导方式应当有所不同。

问题拆解

　　辅导不仅应当阶段性地经常实施,而且应当针对全体员工实施,而不是只针对部分表现出问题的员工实施。对那些表现优秀的员工实施辅导,不仅可能令其表现更优异,而且更可能令其持续表现优异。

方法工具

工具介绍

典型的 4 类需要辅导的人群

团队管理者在实施辅导时，可以根据不同员工的态度情况、能力情况、绩效情况，采取不同的、有针对性的辅导。团队管理者应当对全体员工实施辅导，但对不同类型员工实施辅导的方式应有所不同。其中比较典型的需要实施辅导的人群有 4 类，分别是表现进步者、表现退步者、未尽全力者和初学工作者。

对典型的 4 类人群的辅导

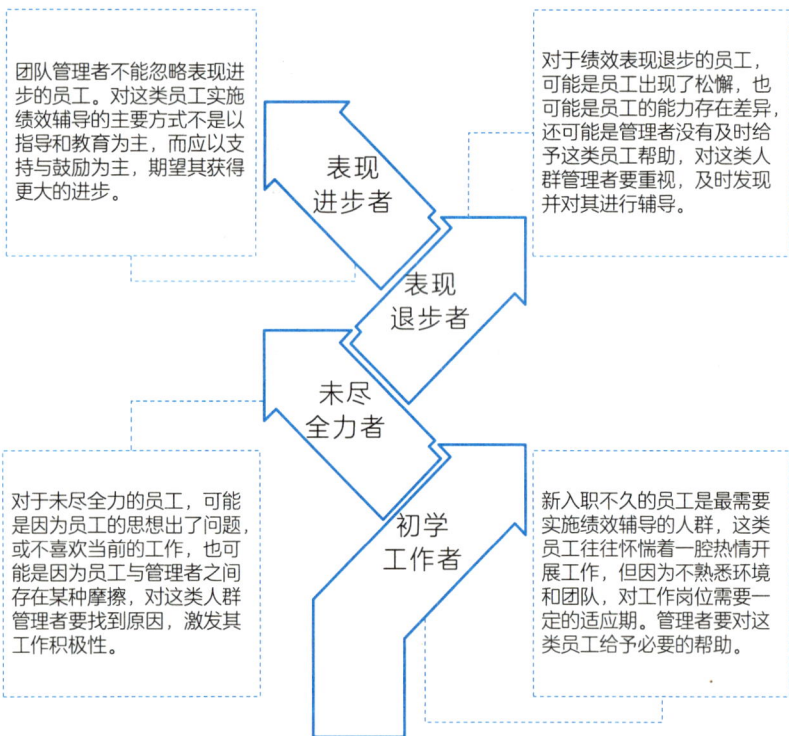

表现进步者

团队管理者不能忽略表现进步的员工。对这类员工实施绩效辅导的主要方式不是以指导和教育为主，而应以支持与鼓励为主，期望其获得更大的进步。

表现退步者

对于绩效表现退步的员工，可能是员工出现了松懈，也可能是员工的能力存在差异，还可能是管理者没有及时给予这类员工帮助，对这类人群管理者要重视，及时发现并对其进行辅导。

未尽全力者

对于未尽全力的员工，可能是因为员工的思想出了问题，或不喜欢当前的工作，也可能是因为员工与管理者之间存在某种摩擦，对这类人群管理者要找到原因，激发其工作积极性。

初学工作者

新入职不久的员工是最需要实施绩效辅导的人群，这类员工往往怀揣着一腔热情开展工作，但因为不熟悉环境和团队，对工作岗位需要一定的适应期。管理者要对这类员工给予必要的帮助。

应用解析

对典型的 4 类人群的辅导方法

1.正面激励：不吝表扬肯定等正面激励
2.持续锻炼：给员工更多有挑战性的工作
3.深造机会：给员工更多学习和培训机会
4.实施授权：给员工更多的工作自主性
5.发展规划：和员工一起做长远职业规划

1.挖掘问题：和员工一起找到根本问题
2.发掘优势：根据员工优势重新安排工作
3.审视行为：查找员工行为上存在的问题
4.帮助提升：给员工做好工作的咨询指导
5.必要调整：员工持续退步时做必要调整

表现进步者

1

4

表现退步者

初学工作者

3

2

未尽全力者

1.聚焦成长：重点放在新人能力的成长上
2.查找不足：查找员工能力上存在哪些不足
3.发展计划：和员工一起制订成长发展计划
4.提供机会：给员工提供更多的学习机会
5.监督成长：监督和促进员工的成长进步

1.了解情况：了解员工未尽全力的原因
2.找到困难：发现让员工望而怯步的障碍
3.共同面对：与员工一起并肩解决问题
4.情感维护：关心员工生活增进彼此情感
5.提供支持：尽可能给员工提供必要支持

小贴士

对于那些表现优秀的员工，团队管理者不能对其不管不顾，任由其自由发展。实际上，越是表现优秀的员工，团队管理者越是应当重点关注。表现优秀的员工可能比表现较差的员工具有更强的主观能动性，有更多的潜力可以挖掘，把工作做得更好的概率更大。

6.2.3　5 步程序有效实施辅导

🔒 问题场景

① 原来辅导要对全员实施啊！我们很多管理者在辅导时都能精准发现员工的问题，一直就员工的问题做辅导，这一点挺好的。

② 找到员工的问题固然是好的，但如果每次辅导都在说员工的问题，可能会让员工难以接受。

③ 员工有问题总不能不说吧？

④ 当然应该说，但说的时候要注意方式方法，要照顾员工的情绪，这还关系到员工的积极性。

⑤ 那应该怎么办呢？

⑥ 做辅导时，应当多给员工一些正面反馈，多对员工表示肯定，而且应当以鼓励的话结尾。

问题拆解

　　任何人都不希望自己总是被否定或质疑。团队管理者如果只盯着员工的问题，一味强调员工的问题，则可能让员工难以接受。久而久之，可能会激发员工和团队管理者之间的矛盾。正确的做法是就算员工有问题，也要尽可能多地予以正面反馈，构建正能量的团队氛围。

方法工具

辅导的 5 个步骤

实施辅导时，可以参照 5 个步骤，分别是发现问题、描述行为、积极反馈、达成共识和鼓励结尾。这 5 个步骤可以作为团队管理者做辅导的通用步骤。

随着经验的增加和情况的变化，团队管理者可以对辅导的步骤做调整和变化，但不应违背这 5 个步骤的内涵。

辅导的 5 个步骤

团队管理者要创造良好的沟通氛围，说明对员工辅导的目的。倾听员工心声并让员工积极参与到辅导工作中来；了解员工的目标进展情况、工作情况、态度情况，有意识地观察并发现员工的问题。

1 发现问题

团队管理者要描述员工的具体行为，而不是概括性地直接总结和推论。要解释这个行为对目标可能产生的具体影响。可以向员工表达感受，但需要征求员工想法，激励员工自我分析，表达心声。

2 描述行为

团队管理者要积极、真诚、具体地表扬员工行为（积极反馈），必要时，可以嘉奖员工的行为；可以适度表达负面反馈，但负面反馈的比例不应超过正面反馈。

3 积极反馈

4 达成共识

5 鼓励结尾

团队管理者要与员工确认需要改善的工作内容、需要做出的行为、需要提高的技能、需要给予的资源和支持，并最终与员工达成一致。

在谈话快要结束的时候，团队管理者要着眼于未来，给员工一定的鼓励、支持或帮助，并规划正面的结果，让辅导的整场谈话以鼓励结尾。

应用解析

辅导成功的 GROW 模型

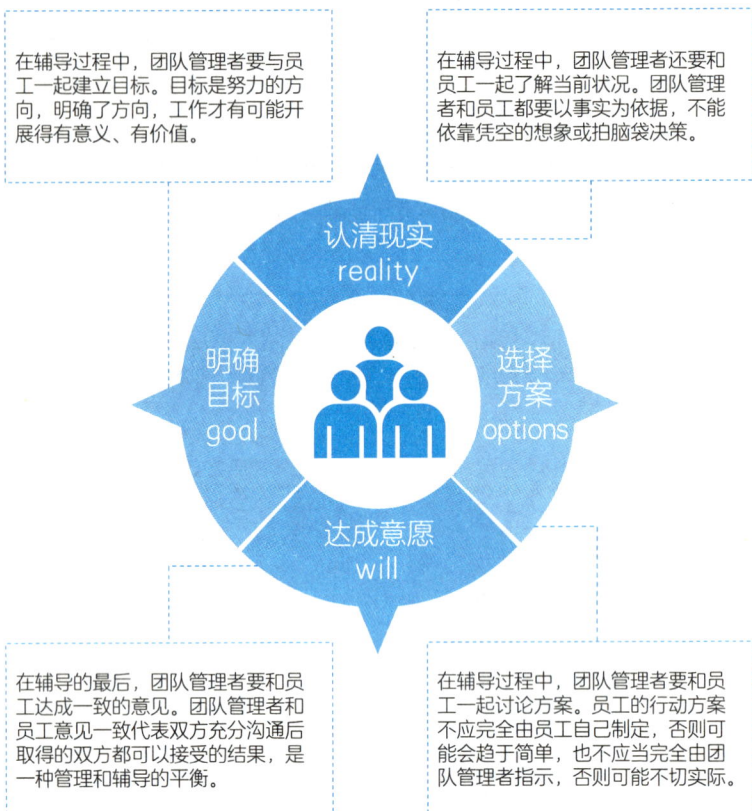

在辅导过程中，团队管理者要与员工一起建立目标。目标是努力的方向，明确了方向，工作才有可能开展得有意义、有价值。

在辅导过程中，团队管理者还要和员工一起了解当前状况。团队管理者和员工都要以事实为依据，不能依靠凭空的想象或拍脑袋决策。

认清现实
reality

明确
目标
goal

选择
方案
options

达成意愿
will

在辅导的最后，团队管理者要和员工达成一致的意见。团队管理者和员工意见一致代表双方充分沟通后取得的双方都可以接受的结果，是一种管理和辅导的平衡。

在辅导过程中，团队管理者要和员工一起讨论方案。员工的行动方案不应完全由员工自己制定，否则可能会趋于简单，也不应当完全由团队管理者指示，否则可能不切实际。

小贴士

没有沟通就不是辅导。在辅导中，团队管理者应就团队内部发生的重要事件与员工进行定期和不定期沟通，持续不断地辅导员工，督促其持续改进。另外，沟通不是只有正式谈话这一种形式，团队管理者可以视情况与员工做非正式沟通。

6.3 辅导的实施技巧

学会利用一些技巧，团队管理者在实施辅导时能够事半功倍。团队管理者经常能用到的辅导技巧包括让员工情绪上更容易接受的有效沟通技巧，让员工获得知识或技能的传授技能技巧和激励员工做出行动的技巧。

6.3.1 有效沟通润滑辅导实施

问题场景

1 我以前就遇到过那种排斥辅导的员工，对这类员工我觉得辅导是没用的。

2 排斥辅导？具体是什么情况呢？

3 就是这个员工做得不好，我想辅导他，指出了一些他的问题，他就跟我闹情绪了。

4 员工下意识地自我保护是人之常情，没有人愿意被别人否定。

5 可是对方确实在工作上有问题啊，说也不是，不说也不是，我该怎么办呢？

6 有问题当然应该指出，你要掌握一些沟通技巧，让员工更容易接受你的意见。

问题拆解

　　直接指出员工的问题可能会迎来员工的对抗情绪。缓解这种对抗情绪的方法是沟通。沟通贯穿着辅导的始终，有效的辅导首先应当是一场有效的沟通。团队管理者通过运用沟通技巧，委婉地指出员工的问题，让员工更容易接受。

方法工具

工具介绍

辅导沟通

沟通过程是决定团队管理者对员工实施辅导质量的关键要素。良性的沟通能够把信息充分表达出来，不良的沟通往往表达的信息不全面。要实施有效的沟通，团队管理者应当掌握必要的沟通技巧。

辅导沟通的 4 个技巧

沟通过程应是团队管理者和员工双方的交流，且应以员工为主。有的辅导过程是团队管理者或员工一方的单向信息输出，这样显然无法实现信息交流互通，不利于员工改进。

辅导沟通的主要目的是解决实际问题，而不是漫无边际地拉家常。沟通破冰时间不宜过长，双方应保持高效率沟通，迅速讨论问题，以便形成方案，解决问题。

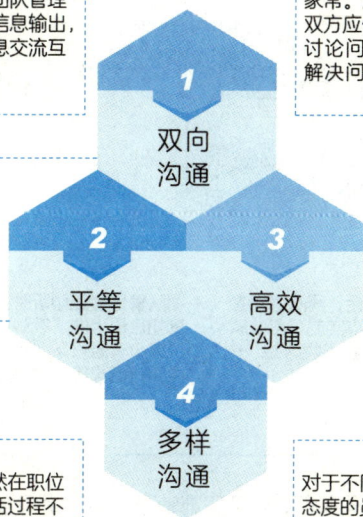

1 双向沟通

2 平等沟通

3 高效沟通

4 多样沟通

团队管理者和员工虽然在职位上有差异，但辅导谈话过程不应过分强调这种差异。沟通双方站在同一个位置上平等交流的沟通效果更佳。团队管理者在辅导时要和员工平等沟通。

对于不同性格、岗位、能力、态度的员工，团队管理者所采取的沟通策略应是不同的。对能力强的员工可以激发其责任心；对能力弱的员工应给予更多方法或技能提示。

应用解析

辅导倾听的 4 个关键

在员工陈述问题时，团队管理者不要急着做出评判或纠正，也不要轻易发表观点。团队管理者要认真听完员工陈述，体会和理解员工想要表达的观点后，再做出回应。

团队管理者可以通过一些非语言的行为，例如友好的表情、眼神的接触、时不时地点头、身体自然放松、身体稍微前倾等，让员工感受到团队管理者对谈话是感兴趣的。

 表现专注

 认真听完

 善用反馈

 事实重复

为表示在认真倾听员工讲话，团队管理者可以针对员工陈述的一些事实或观点做简单重复。例如，"我注意到，你刚才说……，我的理解对吗"。

团队管理者在倾听时，要适时地给员工反馈，例如言语上的"哦""嗯""是的""没错""这个有意思""我明白"，行动上的点头、微笑、记录等，对对方的陈述表示认同。

小贴士

团队管理者虽然应对员工实施辅导，但不是每个员工都值得持续不断地辅导。对于态度差、能力差、绩效差的员工，在实施必要的辅导后，如果员工始终抱持排斥的态度，不愿接受辅导，则可以采取其他措施。

6.3.2 传授技能保障能力提升

🔒 问题场景

① 我在传授员工技能时，发现就算之前教给过员工，员工也还是记不住，真让人火大。

② 信息不等于知识，知道不等于学到。你只是向员工传达了信息，没有确保员工学到知识。

③ 那我应该怎么办呢？

④ 首先你要调整心态，你已知的事对员工来说是新的，你要照顾到这种情况，和员工沟通时确保员工理解你想表达的信息。

⑤ 好的，这一点我今后一定注意，之后呢？

⑥ 然后要注意，别只向员工传达信息，还要引导员工练习，给员工纠正错误，让员工把知识变成自己的。

问题拆解

　　团队管理者在传授员工技能时，不能抱着自己已知的心态去教员工，要站在员工立场去思考和理解其讲出的观点，或提出的问题。传授技能的关键不是团队管理者说了什么，而是员工收获了什么。否则，技能传授可能会演变成一场团队管理者的单向指令。所以，团队管理者要关注员工的练习和收获。

方法工具

工具介绍

传授技能的 6 个步骤

许多团队管理者虽然工作做得非常出色，但当要教员工时却不知道该从何处下手。要有效向员工传授技能，团队管理者可以从 6 个步骤着手，分别是告知、示范、模拟、改善、固化和创新。

传授技能的 6 个步骤

团队管理者实际操作一遍，让员工观摩学习。员工可以针对团队管理者的操作提出疑问或想法。

团队管理者针对员工操作中存在的问题，给予指导和纠正。必要时，团队管理者可以重复第1步的告知和第2步的示范，并让员工重新模拟操作，直到员工能独立操作并达到要求为止。

员工与团队管理者一起探讨，在现有方法的基础上，是否有可能进一步创新，达到提高效益或效率、降低成本或风险的目的。

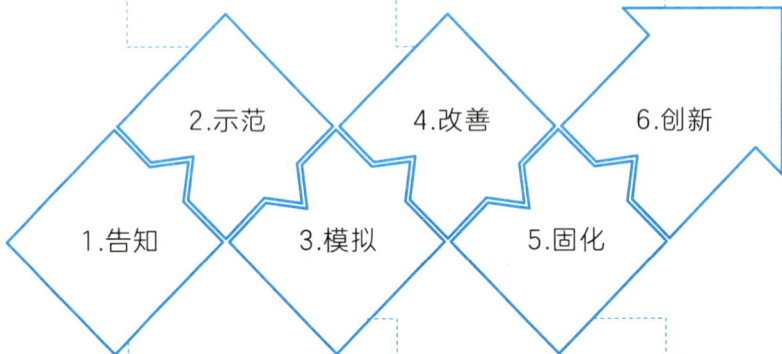

2.示范　　4.改善　　6.创新

1.告知　　3.模拟　　5.固化

团队管理者告诉员工某项工作或某技能的具体操作流程、步骤、方法及操作过程中的注意事项等，把如何做好这项工作相关的一切信息，传递给员工。

团队管理者要求员工按照自己传授的方法或技巧及自己的示范操作一遍。在这个过程中，团队管理者要观察员工的操作与自己传授的方法是否一致。

员工在工作中不断地按照团队管理者传授的方法持续练习，直到将这种方法变成习惯，固化成自己不需要思考的操作。在这个过程中，团队管理者仍需不断进行指导和纠偏。

应用解析

员工接受指导的 4 个关键

团队管理者要想让员工更容易接受自己的指导，可以传达共情，表示自己也是从新手走过来的，员工当前的问题自己也曾遇到过。

对于员工表达的事项，团队管理者可以先表示认同和理解，双方交流中的共鸣是下一步沟通的有效保障。

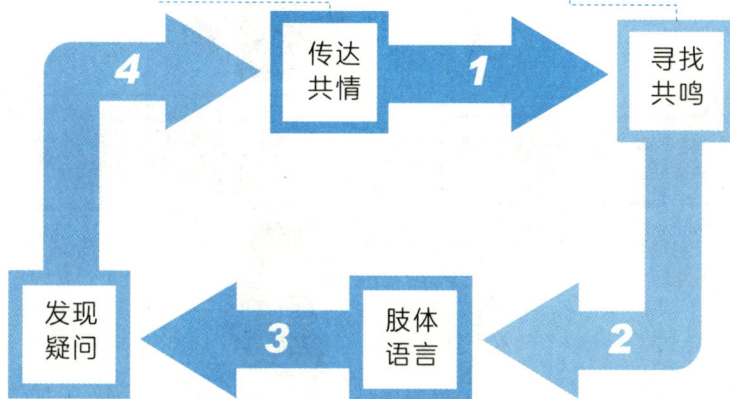

4	传达共情	**1**	寻找共鸣
发现疑问	**3**	肢体语言	**2**

员工不一定一次就能掌握团队管理者传授的技能，可能在学习技能的过程中存在疑问，此时团队管理者应及时发现员工的疑问。

团队管理者在传授技能时，要注意不要只是用嘴说，要多用肢体语言。尤其是传授一些与操作相关的技能时，团队管理者要亲自动手演示。

小贴士

肢体语言会显示人们真实的想法，例如，有的人心里并不赞同，嘴上却表达自己认可，此时这个人可能会一边说话，一边不自觉地摇头。但团队管理者在传授技能时不要做一些无意义的肢体语言，以免分散对方的注意力，影响沟通效果。

6.3.3　激励行动促成改善精进

问题场景

1　有时候我很积极地做辅导，员工却无动于衷。有时候我做了辅导，员工表面答应，实际却怠于行动。

2　不是每个员工都能理解辅导的意义，所以会有些员工消极对待辅导。

3　遇到这种情况我是不是就不需要实施辅导了？

4　当然还是要实施辅导，身为管理者，应该具备处理员工各种情绪的能力，不能被员工的情绪带着走。

5　那我该如何应对员工的消极情绪呢？

6　可以尝试通过激励技巧，激发员工行动。

问题拆解

　　团队管理者在实施辅导时，有可能出现自己很积极，员工却不积极的情况，形成"烧火棍一头热"的局面。遇到这种情况团队管理者首先要积极应对，不能和员工一样表现出消极情绪，要尝试通过激励技巧，激发员工行动。

方法工具

工具介绍

激励员工行动的 4 个步骤

人的行为来源于大脑复杂的过程，并不会因为别人简单的说教或指挥就有所变化，团队管理者刚开始对员工实施辅导时，可能会遭遇员工的消极情绪，员工不愿行动。这时候，团队管理者要掌握激励员工行动的技巧。

要有效激励员工采取行动，团队管理者可以从 4 个步骤着手，分别是识别期望、传达期望、奖励惩罚和持续评价。

激励员工行动的 4 个步骤

识别期望 1 团队管理者首先要清晰地识别出自己期望员工做到的行为。这里的行为要是具体的，不能靠感觉或主观判断；应是能够被员工理解并且能够被客观判断和测量的；而且对员工来说，这项行为需是有意义的。

团队管理者要明确地向员工传达期望其做出的行为，要确保员工能够理解这个期望行为的具体表现，理解这个行为能够为其带来的好处，以及明确不执行这个行为员工可能要为此承担的后果等。 2 **传达期望**

奖励惩罚 3 假如当员工做出团队管理者期望的行为后，会得到奖励；当员工没有做出团队管理者期望的行为时，会受到惩罚，此时员工会更倾向于做出团队管理者期望见到的行为。需要注意的是，奖励或惩罚要真正落实。

团队管理者要持续评价员工的行为结果，过程中要以具体的行为事实为依据而不是主观的判断。团队管理者要评价员工的行为在多大程度上表现出了团队管理者的期望，行为进展是否顺利，有没有出现问题，需要如何改进。 4 **持续评价**

应用解析

激励员工有效行动的 4 个前提

要有效激励员工行动，应在平时用功。团队管理者在日常工作中，应当把员工当成合作伙伴，坦诚相待、彼此信任、互相帮助。否则，临时的激励员工可能"不买账"。

团队管理者要在平时树立自己在员工心中的良好形象，对员工的评价要做到公平公正，不能偏袒和偏激。如果团队管理者在员工心中形象不好，员工很难接受其对自己的辅导。

1 注重平时

树立形象 2

3 环境氛围

充分肯定 4

团队管理者与员工的交流最好选择在安静、明亮的房间进行，营造轻松的氛围。双方的谈话过程中最好不要有任何电话、访客或噪声的干扰。团队管理者和员工的位置最好是挨着的，不要是相对的。

许多不好的谈话氛围都源于团队管理者开场对员工的批评。团队管理者要善于发现并肯定员工的闪光点。团队管理者对员工的肯定要自始至终贯穿于整个辅导过程。

小贴士

即使员工的工作并不十分出色，团队管理者依然不要一开始就指出对方的缺点，因为这样很可能造成员工难以接受，而应当以肯定开头，以积极性的祝愿结束，在中间加入对员工的意见和建议。

07

正确评价人才

◆ **本章背景**

1 总是有员工说我的评价没有依据，这些员工说我没有看到他们为团队做出的贡献。

2 你是如何回应的呢？实际情况如何呢？

3 这种时候我常常无言以对，我觉得自己的评价能反映问题，可很多时候确实没有依据。

4 没有依据的评价当然很难让人信服。人们会觉得你的评价是在"拍脑袋"。

5 那我该怎么评价人才呢？

6 不同类型的岗位有不同的人才评价方式，你可以视情况采取更科学的人才评价方法。

背景介绍

　　人才评价不是简单地、毫无根据地给出评价结果，这种评价方式很可能让员工无法信服。团队管理者要学会正确评价人才。常见量化的人才评价方法包括行为锚定法、行为观察法、加权选择法和 360 度评估法；常见非量化的人才评价方法包括关键事件法、强制排序法和强制分布法。

7.1　人才评价正确认知

很多团队管理者对人才评价抱有错误的认知，基于一些错误的认知实施人才评价，于是出现了很多问题。人才评价应追求量化，但量化并不是人才评价需要追求的唯一方向。比量化更重要的，是以客观事实为依据。当不知道该从哪些维度实施人才评价时，可以试试"多快好省"4个维度。

7.1.1 让客观评价成为主导

问题场景

1
要有效实施评价，首先得有目标吧。人才评价主要评价的是人才有没有达成目标，对吧？

2
目标是实施人才评价的前提，但人才评价并不只是评价目标是否达成，还要评价员工达成目标的过程。

3
有道理，既要关注结果，也要关注过程。所以我们人才评价做得不好，跟目标不量化有很大关系。

4
其实目标是否量化并不是关键，是否客观更关键。

5
什么？我没听错吧？目标管理的 SMART 原则中的 measurable，讲得不就是目标要量化吗？

6
measurable 的含义并不是量化，而是可衡量，不量化的目标同样能够被衡量。

问题拆解

　　人才评价与目标密切相关。人才评价除了评价员工有没有达成目标之外，还要评价员工在达成目标过程中的行为表现。目标并非必须是量化的，不量化的目标同样能够被衡量。符合 measurable 原则的目标应当尽可能客观，而非尽可能量化。

方法工具

工具介绍

发现事实

人才评价应当以事实为依据。以事实为依据的人才评价才能做到客观和公正。

什么是事实？很多人并不清楚。比较容易和事实搞混的概念是观点。

什么是观点？就是对某个事物、某人主观的价值判断。每个人都可以有不同的价值判断。

事实通常是客观的，是能够被普遍认可的，有时能够被量化，有时不能被量化。

比如"今天天气很冷"，这就是观点；"今天18摄氏度"，这才是事实。

事实的三大特点

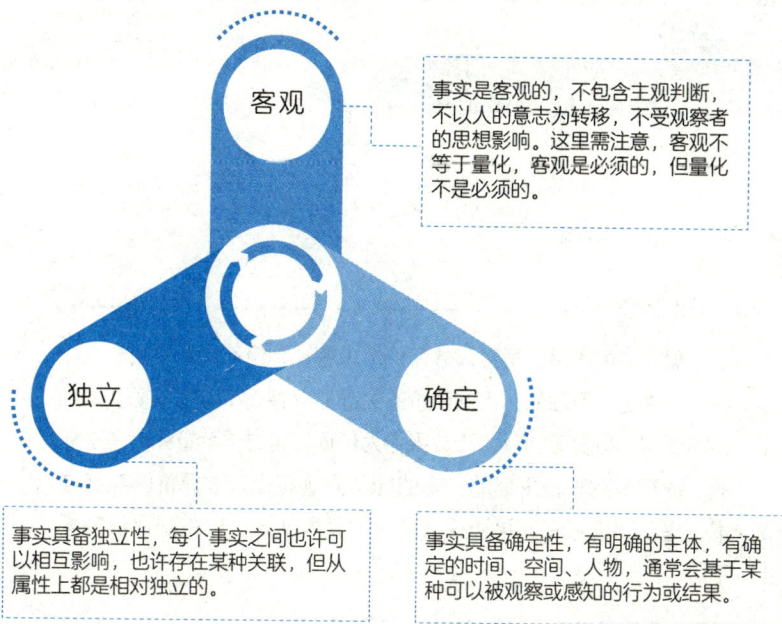

客观

独立

确定

事实是客观的，不包含主观判断，不以人的意志为转移，不受观察者的思想影响。这里需注意，客观不等于量化，客观是必须的，但量化不是必须的。

事实具备独立性，每个事实之间也许可以相互影响，也许存在某种关联，但从属性上都是相对独立的。

事实具备确定性，有明确的主体，有确定的时间、空间、人物，通常会基于某种可以被观察或感知的行为或结果。

应用解析

人才评价的 4 个前提准备

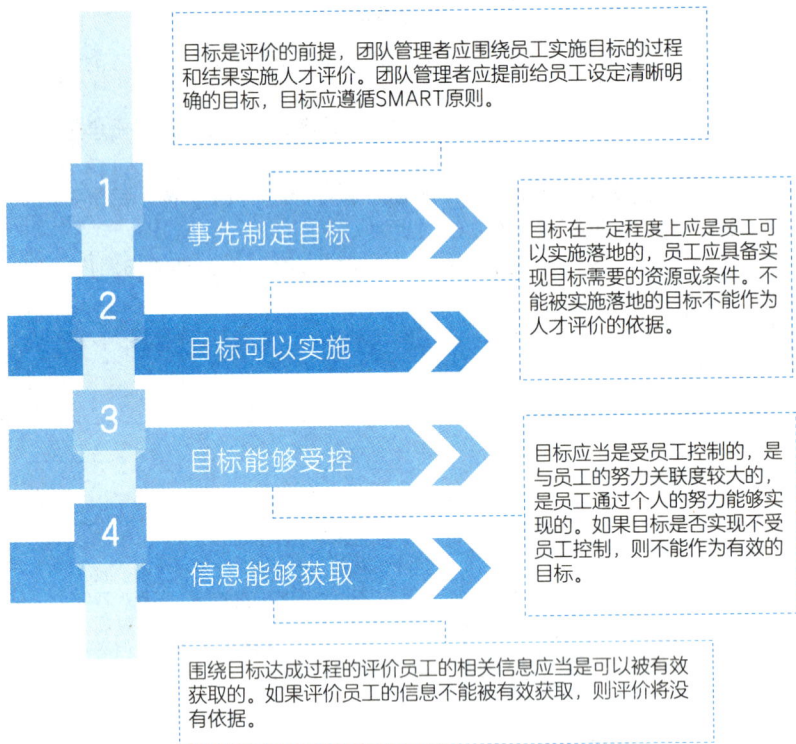

目标是评价的前提，团队管理者应围绕员工实施目标的过程和结果实施人才评价。团队管理者应提前给员工设定清晰明确的目标，目标应遵循SMART原则。

1 事先制定目标

目标在一定程度上应是员工可以实施落地的，员工应具备实现目标需要的资源或条件。不能被实施落地的目标不能作为人才评价的依据。

2 目标可以实施

3 目标能够受控

目标应当是受员工控制的，是与员工的努力关联度较大的，是员工通过个人的努力能够实现的。如果目标是否实现不受员工控制，则不能作为有效的目标。

4 信息能够获取

围绕目标达成过程的评价员工的相关信息应当是可以被有效获取的。如果评价员工的信息不能被有效获取，则评价将没有依据。

小贴士

需要注意的是，虽然人才评价追求客观，但不代表主观的人才评价全都是不可取的。人才评价的关键是以客观事实为依据，围绕客观事实，有员工的行为和成果作为依据，这时候就算评价是主观的，依然是能够被采信的。有的团队为了减少人才评价的实施成本，提高评价效率，平衡评价结果，刻意加入一些主观评价并无不可。

7.1.2 4 种通用的评价维度

🔒 问题场景

①
很多时候我不知道该怎么评价员工。

②
其实没有那么难，首先要把员工的工作数据化和事件化，尽可能用数据和事实去评价员工。

③
该从哪些角度去数据化和事件化员工的工作呢？

④
有个比较简单的做法，就是从"多快好省"4 个维度评价员工。

⑥
"多快好省"是个简称，分别指的是数量、速度、结果和费用。

⑤
"多快好省"是什么意思？

问题拆解

当不知道该从哪些角度做工作评价分析时，可以首先将员工的工作数据化和事件化，让工作输出可以被定义、描述和比较，从而能够判断工作完成与否以及工作完成情况的好坏优劣。完成数据化和事件化后，可以从"多快好省"4 个维度做具体分析。

🔑 方法工具

工具介绍

通用分析的 4 个维度

对工作的评价分析通常可以归结为 4 个维度，这 4 个维度分别是数量、速度、结果和费用，简单来说，就是"多快好省"。

分析时需注意，人们通常从主观上期望所有工作都能做到"多快好省"，但实际上"多快好省"之间是相互矛盾的。多，就不一定快、不一定好，也不一定省；省，就不一定多、不一定快，也不一定好。"多快好省"要做到面面俱到是不现实的。

通用分析的 4 种维度

某件事原本应该完成多少数量，现在完成情况如何？
数量，可以抽象为空间问题。

1 数量

某件事原本应该在多长时间内完成，现在完成速度如何？也可以叫效率。
速度，可以抽象为时间问题。

2 速度

3 结果

某件事原本应该达到什么结果，现在实际完成结果如何？
结果，可以抽象为质量问题。

4 费用

某件事原本应该花费多少，现在费用花费情况如何？
费用，可以抽象为资源问题。

应用解析

举例：人力资源招聘岗位的4种分析维度

可以分析招聘人才的到位时间有没有满足组织要求，对应指标包括简历获取率、简历合格率、面试赴约率、面试通过率、人才到岗率等。

可以分析招聘人才数量有没有达到组织要求，对应的数据包括招聘满足率、招聘贡献度。

数量

速度

结果

费用

可以分析招聘人才成本有没有控制在组织要求范围内，对应指标包括人均招聘成本。可以评估不同招聘成本下，哪种招聘渠道既经济又有效。

可以分析招聘人才质量有没有满足组织要求，对应分析维度包括个人品质、行为态度、业务能力和工作成效等。

小贴士

"多快好省"4种维度可以生发出不同的分析方法和思路，但不代表分析用的所有思路都可以从这个方法论中生发出来。当不知道该从哪些角度做分析时，可以借助这个工具厘清思路，查漏补缺，但如果很清楚手头的工作该如何分析，不必非要套用这个工具。

7.2　人才评价方法

常见量化的人才评价方法包括行为锚定法、行为观察法、加权选择法和 360 度评估法。这些量化的人才评价方法都是以员工行为作为依据，得到的结果并非绝对客观的量化，而是对员工行为的赋值。

常见非量化的人才评价方法包括关键事件法、强制排序法和强制分布法。这些非量化的人才评价方法虽然不能得出量化的评价结果，却能在不同场景下发挥作用，也是有效的人才评价方法。

人才评价方法没有绝对的好坏之分，团队管理者应根据团队需要选择最适合的方法。

7.2.1 关键事件评判行为表现

🔒 **问题场景**

1 团队里有些工作比较难量化的岗位，怎么做目标评价呢？

2 这类岗位有没有比较明确的工作流程或行为标准？

3 大部分都有。

4 这种情况可以运用关键事件法。

6 简而言之，就是团队管理者对员工日常工作的关键行为或关键事件做评价。

5 什么是关键事件法？

问题拆解

　　岗位职责对应工作成果较难量化，但工作流程和工作行为标准相对较容易明确的岗位，适合运用关键事件法做目标评价。关键事件法可以为员工提供明确信息，让员工知道自己哪方面做得较好，哪方面有进步空间。这种方法不仅能获得岗位的静态情况，也能获得岗位的动态情况。

方法工具

工具介绍

关键事件法

关键事件法是管理者以员工的行为和关键事件做依据实施的目标评价方法，是一种非量化、客观、针对过程的评价方法。

关键事件法需要认定员工为完成职责需要实施的相关行为，并且选择那些最重要、最关键的行为作为记录并评判其结果。

应用关键事件法时，一般是管理者收集员工的关键行为，通过对关键行为中最成功、最有效的事件和最失败、最无效的事件进行分析和评价，由管理者和员工进行面谈讨论后，做出评价。

实施关键事件法的 4 个步骤

识别关键事件对管理者有比较高的专业要求，如果管理者对岗位了解不深，或经验较浅，很难在短时间识别出岗位的关键事件。

记录关键事件的信息包括关键事件的前提条件，背景和过程，发生的直接或间接原因，具体行为表现，发生后的结果，员工控制关键事件的能力等。

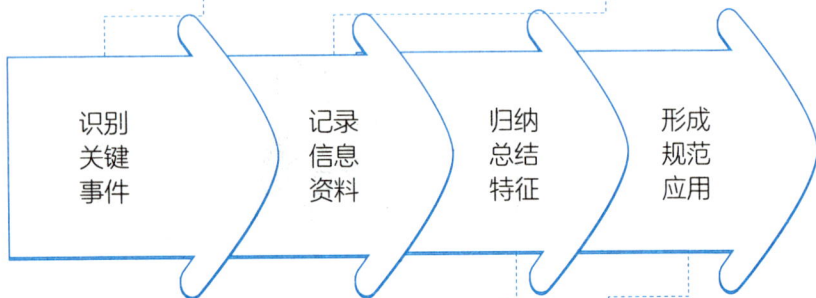

| 识别关键事件 | 记录信息资料 | 归纳总结特征 | 形成规范应用 |

汇总关键事件分析和设计过程中的所有资料后，分析小组可以归纳和总结出这个岗位的主要特征、具体的行为控制要求和需要的具体行为表现。

团队可以根据归纳总结后各岗位的关键事件情况，在相关岗位推行关键事件评价方法，要求管理者在目标评价周期内形成关键事件评估结果。

应用解析

关键事件法应用案例

美国通用汽车公司（GM，General Motors Corporation）在1955时开始运用关键事件法对员工做评价。GM公司首先成立了评价委员会，专门领导和实施员工评价工作，要求生产一线的管理人员，针对下属的关键事件做描述。

GM公司通过关键事件评价方法，获得了良好的效果。各岗位员工的有效行为越来越多，无效行为越来越少，公司的管理效率快速上升。

某公司学习GM公司的关键事件法，固化了管理者对下属的关键行为记录样表，形成固定的结构化模板如下所示。

姓名	员工编号	部门名称	岗位名称

员工的有效行为
员工的无效行为
管理者为改变员工的无效行为都采取了哪些措施？
考评者（直属上级）评语
签字：　　日期：
被考评者自述（可以包括结果申诉，也可以解释有异议之处）
签字：　　日期：
双方面谈纪要（包括双方协商一致的部分和未统一的问题）
签字：　　日期：

小贴士

应用关键事件法时需注意。

（1）该方法的可靠性和准确性在一定程度上考验评价者和被评价者的文字功底。

（2）考评过程可能需要花费评价者和被评价者大量的时间和精力总结形成文字。

（3）该方法依然解决不了评价的主观性，评价结果仍然受评价者主观因素影响。

7.2.2　行为锚定划分评价等级

问题场景

1　运用关键事件法时，可能出现的行为和关键事件，记录起来工作量大，我们的管理者可能较难接受。

2　要用好关键事件法，确实对管理者要求比较高。

3　而且关键事件法不量化，评价后的结果不知道该怎么用。

4　关键事件法重在对员工行为过程的修正，如果要追求对行为结果的评价，可以用行为锚定法。

5　行为锚定法可以实现量化评价吗？

6　是的，行为锚定法通过把行为定义出等级或分数，实现量化评价，而且可以对评价结果进一步应用。

问题拆解

　　行为可以定性评价，也可以定量评价。定性评价通常是评价行为过程，对评价者的要求较高，管理成本也相对较高。定量评价是评价行为结果，对评价者的要求相对较低，管理成本也相对较低。行为锚定法就是一种定量评价行为的方法。

方法工具

工具介绍

行为锚定法

行为锚定法也叫行为定位法、行为定位等级法或行为决定性等级量表法，是一种量化、客观、针对结果的方法。这种方法将同一职务可能发生的各种典型行为进行分析、度量和分级之后，建立一个行为锚定评分表，并以此为依据，对员工行为进行分级评价。行为锚定法适用于对强调行为表现成果的岗位实施评价。

实施行为锚定法的 4 个步骤

在制定某一岗位的行为锚定评价前，首先要通过分析该岗位，确定关键事件，并对关键事件结果形成目标评价维度，根据重要性，对各维度划分占比。	**确定关键事件** **1**	对关键事件的最优秀行为和最差行为进行客观的描述，根据描述将关键事件划分成不同等级。常见的等级划分为5个左右，一般不超过8个。
	建立评价等级 **2**	
建立行为锚定法的评价体系，确定评价周期、评价人、评价用途、员工指导与培训、薪酬匹配等各项工作。	**4** **建立评价体系**	将初步完成的行为锚定评价表与对该工作理解较深的人沟通，验证评价表中各评价项占比、定义、等级、描述及打分的合理性，并提前测试。
	3 **验证评价标准**	

应用解析

行为锚定法应用案例

某公司对营销策划部策划文案岗位进行方案设计工作方面的评价采用的是行为锚定等级法，经过对该岗位的调研和评估，制定该岗位方案设计工作的评分表如下所示。

评价维度	占比	定义		评价等级	对应得分
方案可行性	40%	方案设计合理，具有操作性，与案例结合，将所学内容运用其中	6	方案设计合理，与案例充分结合，具有很强操作性，将所学内容运用其中	30
			5	设计方案合理，与案例充分结合，将所学内容运用其中	25
			4	设计方案合理，与案例结合，所学内容部分运用其中	20
			3	方案设计与案例结合	15
			2	方案设计与案例有部分联系，将所学内容部分运用其中	10
			1	方案设计与案例完全没有关联，完全主观臆造	0
方案创新性	30%	方案内容完整准确，形式新颖，具有创造性	6	内容完整、丰富，完全满足要求，形式美观新颖，极具自主创造性	30
			5	内容完整、丰富，完全满足要求，形式美观新颖，但创造力不足	25
			4	内容完整、丰富，完全满足要求，形式美观	20
			3	内容完整，完全满足要求，形式普通	15
			2	方案内容完整，满足基本要求	10
			1	方案内容基本不满足作业要求	0
方案清晰性	30%	方案整体结构清晰，层次分明，重点突出	6	设计的方案整体结构清晰明了，重点突出，层次分明，一目了然	30
			5	方案设计结构清晰，层次结构分明，重点基本突出	25
			4	方案整体结构明了，层次分明，重点不够突出	20
			3	方案整体结构基本明了，但看不出基本层次结构	15
			2	能看到方案的整体结构	10
			1	设计方案杂乱无章	0

小贴士

　　在实际应用行为锚定法时，有人认为行为锚定等级设置数量较多并不会对实际评价效果带来好处，反而会令评价的设计和实际操作环节变得复杂，增加管理成本。所以很多团队实际应用行为锚定法时，对等级的设计控制在 5 个左右。

7.2.3 行为观察量表检查打分

问题场景

1 行为锚定法虽然解决了关键事件法的问题，但会不会太注重结果，忽略了过程？

2 确实，行为锚定法更注重对行为结果的评价，关键事件法更注重对行为过程的评价。

3 我感觉管理者还是要注重员工的行为过程，不然可能又陷入秋后算账模式。

4 没错，管理者平时要多观察员工的行为，而不是只盯着行为结果。

5 有没有既可以实现量化，又注重对行为过程评价的方法呢？

6 有的，行为观察法就是这样一种评价方法。

问题拆解

　　关键事件法、行为锚定法和行为观察法都是针对员工行为的评价方法。其中，行为观察法既可以针对行为过程，也可以针对行为结果，还可以实现量化评价。一般来说，针对员工行为的评价，过程大于结果。

方法工具

工具介绍

行为观察法

行为观察法也叫行为观察量表法或观察评价法，是一种可量化、可主观可客观、可针对过程也可以针对结果的方法。与行为锚定法不同是，行为观察法不是确定某员工行为处在哪种水平，而是确定员工行为出现的概率。这种方法通常是管理者根据员工某行为出现的频率或次数对员工打分。

实施行为观察法的 4 个步骤

聚焦该岗位的关键事件，将关键事件归纳成具体的行为标准。行为标准本身的划分要内容清晰，要区分清楚成功或不成功的行为。

根据对关键行为的归纳，形成观察量表。行为观察法中用到的量表与行为锚定法中的量表原理有一定类似，但是结构有所不同。

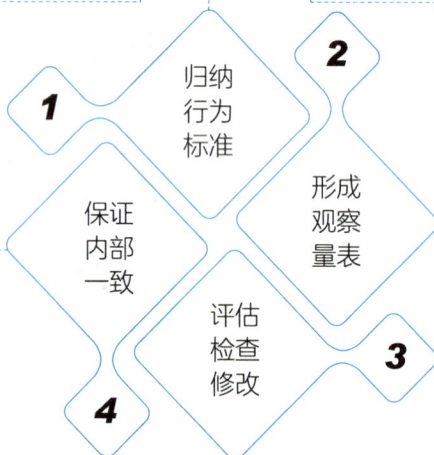

1 归纳行为标准

2 形成观察量表

保证内部一致

评估检查修改

4

3

在对某类岗位应用行为观察法前，要保证该岗位的所有人能适应该量表，同时保证评价人的评价标准具有一致性。

对行为观察评价量表做进一步评估、检查、分析和改进，判断该量表在同类岗位中的适用性和适应性。

应用解析

行为观察法应用案例

某产品销售公司销售专员岗位除了对业绩有要求外，对日常管理行为同样有一定要求。该公司对销售专员岗位的行为观察表如下所示。

行为评价项	含义	5分	3分	1分	0分	权重
合同规范	保证所有业务签署的合同遵守公司时间性、完整性的规范	□完全能够按期提交合同，且销售合同完全符合公司规定	□存在逾期提交合同情况，但能够积极配合，及时挽回，合同符合公司规定	□存在逾期提交合同情况，且存在合同不符合公司规定的情况，但愿意配合改正	□存在逾期提交合同情况，且存在合同不符合公司规定的情况，且不愿意改正	25%
市场信息搜集	了解同行业或竞业的具体情况，及时、准确地搜集和反馈市场信息	□熟悉外部市场情况，经常能够为公司搜集有价值的信息	□基本了解市场信息，偶尔能够为公司提供有价值的信息	□对市场了解情况一般，基本不能为公司提供有价值的信息	□对市场信息不了解，无搜集市场信息的概念和意识	30%
团队协作	在团队内能够彼此协作，能够遵守上级管理者的指令并具备较好的执行力	□团队协作意识强，始终能做到得令则行，执行力强	□团队协作意识一般，执行力有时候较强	□团队协作和执行力常常一般，偶尔较差	□不具备团队协作意识，执行力经常较差	25%
专业学习	具备销售相关的专业知识，具备一定的学习能力	□专业知识和专业能力较强，学习能力较强，学习意识较强	□专业知识和专业能力一般，学习能力一般，学习意识较强	□专业知识和专业能力一般，学习能力一般，学习意识较差	□专业知识和专业能力较差，学习能力和学习意识较差	20%

小贴士

如何保证各级管理者清楚哪些行为对团队有利呢？如何保证这些行为真的是对团队有利的行为呢？如何定义这些行为的分值呢？可以由决策层、高管和专家团队成立评价小组，召开评审会议，对行为观察量表进行评估、分析和修改。

7.2.4 加权选择不同行为赋值

问题场景

1 很多新晋管理者在短时间内很难掌握目标评价要领，短期内予以培训也无济于事。

2 这种情况可以让目标评价方法尽量简单易操作，便于快速执行。

3 有没有聚焦员工行为，又便于管理者快速掌握和操作的方法呢？

4 有的，加权选择法就是这样一种目标评价方法。

5 当管理者管理的员工数量较多，很难做到评价精细化的时候也可以用这个方法吗？

6 可以的，加权选择法特别适合用来做检查式的评价。

问题拆解

设计加权选择法比前 3 种行为评价方法更复杂，但对评价人才来说，评价的过程较简单。加权选择法适合管理者不具备客观评价员工的能力或管理者管理员工人数较多，需要通过检查实施评价的情况。

方法工具

加权选择法

加权选择法，又被称为加权选择量表法，同样是一种通过观察客观行为进行量化评价的方法，是一种量化、客观、可针对过程也可以针对结果的方法。

加权选择法通过一系列描述性或形容性语句，说明员工各种具体的工作行为和表现，并对每一项进行多等级评分赋值。行为表现越好、越是团队希望看到的，等级评分越高；行为表现越差、越是公司不希望看到的，等级评分越低。

实施加权选择法的操作步骤

进行工作岗位的调查、评价和分析，采集该岗位有效行为和无效行为，或期望看到的行为和不期望看到的行为，简单明了描述出行为特征表现。

1.行为定义

团队期望看到的行为

2.行为赋值

团队不期望看到的行为

对每种行为项目进行等级评价并做分数赋值，行为表现越好，等级分值就越高。对不想看到的行为，可以赋予较低的分数，也可以赋予其负值。

应用解析

加权选择法应用案例

某公司对连锁面包直营店店长实施加权选择法的行为量表的一部分如下表所示。

类别	评价项目	分值	是否存在该行为
团队期望看到的行为	产品总是保持较高质量	8.4	
	产品的准备和烘焙工作经常持续到午夜12:00后甚至更晚	8.2	
	店长会定期对所有产品进行抽样检查	8	
	员工们喜欢和店长一起工作	7.6	
	对所有产品，店长都能够准确地进行成本核算	7.2	
	店长会定期购买一些竞争对手的产品回店里分析研究	6.8	
	店长会组织店里的店员进行技能比赛或技能测试	6.4	
	店长关注员工成长，能够检查和指导店内员工技能	6.4	
	店长加入了至少一个行业协会	6	
	店长组织了一次以上有效的面包配方的改良	5.8	
	店长喜欢与顾客交流，建立顾客关系	5.4	
	门店保持卫生整洁	5	
	商品陈列总是内容丰满，布局合理	4.5	
团队不期望看到的行为	门店偶尔会有卫生问题	−2	
	门店陈列的商品偶尔会出现问题	−2	
	工作报告经常是不准确的	−2	
	店长对员工总是有过高的期望值	−2.5	
	不知道如何做经营分析	−2.5	
	店内设备出问题时，不主动修理	−2.5	
	店长的工作职责总是不能充分履行	−3	
	店长在订货方面经常考虑不周全	−3	
	店里的某种商品经常出现异常的损耗或积压	−3	
	日常管理过于自我，没有大局意识	−3.5	
	常常没有缘由地指责员工	−4	
	总是抱怨员工，自己却不努力	−4.5	

小贴士

　　行为评价量表能鼓励那些没有展现出团队期望看到的行为的人朝团队期望看到的行为努力；也能纠正那些展现出团队不期望看到的行为的人改正团队不期望看到行为的同时，朝团队期望看到的行为努力。

7.2.5 强制排序得到次序排名

问题场景

1 有的管理者很难区分员工优劣，觉得手下员工都差不多，对于这种情况该怎么办呢？

2 可以要求管理者给员工强制排序。

3 很多管理者不愿区分员工优劣是怕伤感情，强制排序不是更伤感情吗？

4 伤不伤感情根本就不是目标评价要考虑的，评价要考虑的是客观公正。

5 确实如此，管理者要学会"当坏人"，要敢于评价人才。

6 其实很多管理者不愿评价是在逃避艰难沟通，敢于评价员工，指出员工问题，并不代表管理者成了"坏人"。

问题拆解

评价员工是管理者的责任，区分员工的好坏优劣也是管理者的责任。员工有问题时管理者却不敢说，回避对员工的评价，是管理者在逃避责任。强制排序法可以用在管理者不知如何区分员工优劣时，也可以用在管理者不愿区分员工优劣时。

方法工具

工具介绍

强制排序法

强制排序法又叫强制排列法，是比较常见、简单易行的目标评价方法，是一种非量化、可主观可客观、针对结果的方法。这种方法通常是管理者对员工的优劣顺序从第一名到最后一名做强制排序。强制排序法的核心是建立排行榜，把员工按照排行榜的规则从高到低进行排列，特别适合组织结构稳定、人员规模较小的团队。

两种强制排序法

客观强制排序法指的是排序过程用到的是量化的财务、生产统计等客观数据。例如销售业绩排名、销售增长排名、销售回款排名、客户增长排名、出勤天数排名、合理化建议排名等。

客观
强制
排序法

主观
强制
排序法

主观强制排序法是根据上级评价、同级评价或评价小组的评价等主观判断进行排序的方法。有时为了提高排序的精准程度，也可以根据岗位工作内容做适当的分解，按分解后的分项进行排序，再求出平均排序数。

应用解析

强制排序法应用案例

某部门甲、乙、丙、丁4名员工的主观强制排序结果如下表所示。

姓名	评价人1	评价人2	评价人3	汇总平均	最终排序
甲	1	2	1	1.3	1
乙	2	1	3	2.0	2
丙	3	3	2	2.7	3
丁	4	4	4	4	4

选取个人品质、行为态度、业务能力、工作成效这4点作为评价依据。

正面：实现部门价值、与其他部门密切配合、决策准确、合理分工等。
负面：只顾自己、不配合、无法按时保质保量完成任务等。

工作成效
30%

正面：精通业务、有领导力和执行力、有沟通协调能力、有逻辑思维能力、工作思路清晰等。
负面：业务能力差、眼高手低、缺乏沟通、不思进取等。

业务能力
30%

正面：品行端正、以身作则、责任心强、言行一致、坚持原则、具备团队精神和奉献精神等。
负面：言行不一、推卸责任、个人主义等。

行为态度与
个人品质
各20%

小贴士

应用强制排序法中的主观评分时，要注意评分项不宜设置过多，一般以不超过5项为宜。如果设置项过多，人们在评分时可能会感到过于复杂、思维混乱，而且在主观评价中的分项实际上并不能提高准确度。

7.2.6 强制分布设定人才分类

🔒 **问题场景**

① 排序过于强调先后顺序，但客观上有些员工能力确实差不多，这种情况怎么办呢？

② 可以用强制分布法，把员工分类而非排序。

③ 要分多少类呢？

④ 可以根据团队人数规模来分类，分类数量一般在3~5类，用A、B、C、D、E等字母表示，A代表最优。

⑤ 每类的人数比例怎么定呢？

⑥ 可以通过内部讨论确定，一般遵循头部20%~30%，尾部10%~20%的规律。

问题拆解

　　强制分布法是根据员工优劣通常呈现"两头小、中间大"的正态分布规律，划分出团队里的等级及每个等级中员工的数量占比，然后根据每个员工的情况，按照比例将其列入其中的某一个等级，从而实现对员工的评价。

方法工具

工具介绍

强制分布法

强制分布法也叫强迫分配法或硬性分布法，是一种非量化、可主观可客观、针对结果的目标评价方法。与强制排序法不同的是，这种方法是人为对员工设置出几个分类，把员工按不同绩效、行为、态度、能力等标准归到不同分类中。当被评价人数较多时，适合应用强制分布法。

强制分布法源于美国通用电气公司前 CEO 杰克·韦尔奇（Jack Welch）的"活力曲线"。杰克·韦尔奇按绩效和能力，将员工分成 3 类，A 类占 20%，B 类占 70%，C 类占 10%。

实施强制分布法的 4 个步骤

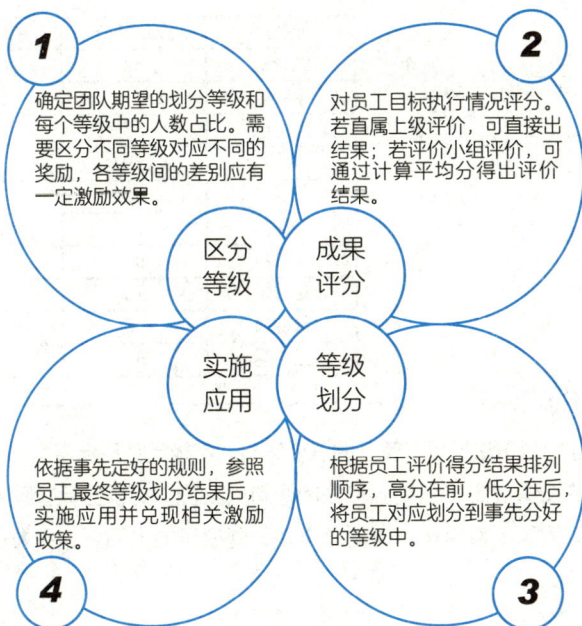

1

确定团队期望的划分等级和每个等级中的人数占比。需要区分不同等级对应不同的奖励，各等级间的差别应有一定激励效果。

区分等级

2

对员工目标执行情况评分。若直属上级评价，可直接出结果；若评价小组评价，可通过计算平均分得出评价结果。

成果评分

实施应用

等级划分

4

依据事先定好的规则，参照员工最终等级划分结果后，实施应用并兑现相关激励政策。

3

根据员工评价得分结果排列顺序，高分在前，低分在后，将员工对应划分到事先分好的等级中。

应用解析

强制分布法应用案例

某公司实施强制分布法评价所有员工，把所有员工分成A、B、C、D、E5个等级，每个等级对应的人数比例如下表所示。

绩效类别	A	B	C	D	E
人数占比	10%	20%	30%	30%	10%
第2年薪酬变化奖励	提升20%	提升15%	提升10%	提升5%	不变

某部门共10名员工，该部门负责人为体现公正性，成立评价小组，按工作态度、工作能力和工作结果3个维度，对部门内不同成员进行评价，评分表如下所示。

部门	姓名	工作态度权重30%	工作能力权重30%	工作绩效权重40%	得分

汇总各评价小组成员的评分结果后取其平均数，得到部门所有员工评分结果，并根据分数结果，参照等级划分比例，得出不同员工所属等级。

姓名	绩效分数	所属等级
张晓萌	82	C
李舒淇	87	B
王海燕	83	C
徐峰	89	A
王磊	75	D
张强	72	E
李艳	81	C
刘乐乐	78	D
徐晓梅	76	D
王晓明	86	B

小贴士

　　强制分布法是目标管理的一个环节，不能代替目标管理。目标管理的质量决定了强制分布法能否有效实施。如果目标管理本身质量有问题，盲目实施强制分布法，则很可能出问题，引发员工不满。

7.2.7 360度评价实现全面评估

问题场景

1. 只是管理者一个人评价员工，会不会有失公允？

2. 确实有这种可能性。

3. 那可不可以从更多维度上对员工进行评价呢？

4. 可以采取360度评估法，让更多人参与到员工评价中。

5. 感觉360度评估是比较完美的方法，会让评价更全面、更准确。

6. 并不会，因为360度评估通常是比较主观的评价，多人的主观评价并不会让评价结果变得客观。

问题拆解

360度评估法打破了只有上级评价下级可能出现的评判错误，可以从多个角度评价员工，但不能简单认为这种评价方法更精准。360度评估法中的评价模式是主观评价，也可能因某些员工夹杂私人情绪，影响评价公平性。

方法工具

工具介绍

360 度评估

　　360 度评估（360° Feedback），也叫全方位评估，是一种量化、主观、针对结果的方法，最早是由英特尔公司提出并实施的。它是请员工的直接上级、直接下级、关联方、顾客以及员工本人全方位对自己目标执行情况实施评价。被评价者不仅可以获得来自各方的反馈，也可以从不同角度的反馈中更清醒地认识自己的优势与不足。

360 度评估的实施步骤

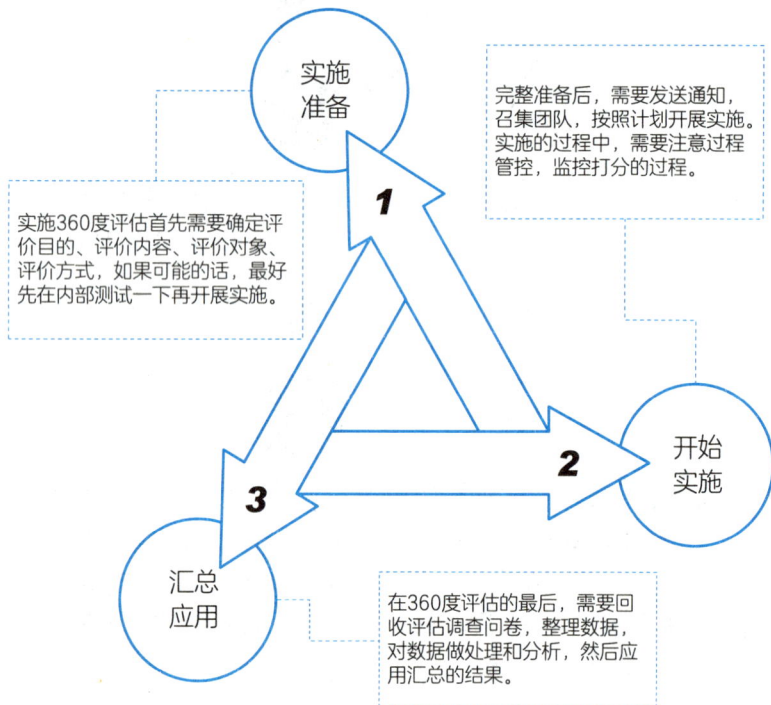

实施准备

1

完整准备后，需要发送通知，召集团队，按照计划开展实施。实施的过程中，需要注意过程管控，监控打分的过程。

实施360度评估首先需要确定评价目的、评价内容、评价对象、评价方式，如果可能的话，最好先在内部测试一下再开展实施。

3

2

开始实施

汇总应用

在360度评估的最后，需要回收评估调查问卷，整理数据，对数据做处理和分析，然后应用汇总的结果。

应用解析

360 度评估应用案例

360度评估中被评价者与各方的通用关系如下图所示。

在360度评估中，不同关系间设置的权重比例一般为①>②>③>④>⑤，例如，其权重占比可以分别设置为30%、25%、20%、15%和10%。

小贴士

360 度评估既有优点，也有缺点。优点是能够实现对员工更全面的评价，更强调员工关联方的评价，让评价更加多元；缺点是实施起来较为复杂，因全员参与，对评价标准、打分规则培训难度较大，若培训或管理不善，打分和最终结果容易流于形式。